KINDER SPRECHEN MIT DEM DALAI LAMA

Wie wir eine bessere Welt erschaffen

───────────────────────

Claudia Rinke

KINDER SPRECHEN MIT DEM DALAI LAMA

Wie wir eine bessere Welt erschaffen

Mit einem Nachwort von Felix Finkbeiner
Illustriert von Jens Bonnke

C.H.Beck

Der Verlag dankt dem Tibet Bureau in Genf für die Genehmigung, mündliche und schriftliche Äußerungen des Dalai Lama in diesem Buch wiederzugeben.

© Verlag C.H.Beck oHG, München 2015
Satz: Fotosatz Amann, Memmingen
Druck und Bindung: Kösel, Altusried-Krugzell
Umschlaggestaltung: Jens Bonnke, Berlin, und Konstanze Berner, München
Gedruckt auf säurefreiem, alterungsbeständigem Papier
(hergestellt aus chlorfrei gebleichtem Zellstoff)
Printed in Germany
ISBN 978 3 406 67453 2

www.beck.de

INHALT

Wie dieses Buch entstand   7

Erster Teil
Der Dalai Lama und seine Botschaft

1. Ozean der Weisheit   11
2. Der Junge auf dem Löwenthron   31
3. «Mögen alle Wesen glücklich sein»
Die Grundlagen des Buddhismus   53

Zweiter Teil
Der Dalai Lama spricht

1. Rede des Dalai Lama an die Generation des 21. Jahrhunderts   73
2. Fragen an den Dalai Lama zu inneren Werten und einem guten Leben   87
3. Fragen zu Frieden und Gerechtigkeit   99
4. Fragen zur Religion   115
5. Fragen zum Leben des Dalai Lama   129
6. An die Eltern und Lehrer   143

Der Dalai Lama teilt unsere Hoffnung   145
Ein Nachwort von Felix Finkbeiner

Links und Tibetzentren   151

Literatur   153

Dank   155

WIE DIESES BUCH ENTSTAND

Der Dalai Lama besucht auf der ganzen Welt Schulen und Universitäten, um mit jungen Menschen zu sprechen. Auch in Deutschland gibt es gelegentlich solche Veranstaltungen. So kam der Dalai Lama im September 2013 nach Norddeutschland. In Hannover und Steinhude durften insgesamt 1500 Kinder und Jugendliche den Friedensnobelpreisträger persönlich erleben, seine Botschaft an die junge Generation anhören und ihm anschließend Fragen stellen. Im Mai 2014 hatten in der Frankfurter Paulskirche 800 Schülerinnen und Schüler aus Hessen die Gelegenheit, mit dem Oberhaupt des tibetischen Buddhismus zu sprechen. Ich erhielt die Erlaubnis, an diesen – ansonsten nicht öffentlichen – Veranstaltungen teilzunehmen und Auszüge der Gespräche für dieses Buch zu verwenden. Dafür bedanke ich mich ganz herzlich. Außerdem durfte ich Äußerungen des Dalai Lama bei der Veranstaltung «Menschliche Werte leben» verwenden, die im August 2014 in Hamburg stattfand. Auch bei diesem Event durften Kinder und Jugendliche Fragen an den Dalai Lama richten.

Zusätzlich habe ich Aufzeichnungen von Veranstaltungen mit dem tibetischen Oberhaupt sowie Interviews und andere Berichterstattung als Informationsquellen herangezogen; ebenso Bücher, die der Dalai Lama selbst verfasst hat oder die andere über ihn geschrieben haben. Bei den tibetischen Kulturtagen im Tibetzentrum Hannover im Juli 2014 konnte ich Mönche der Klosteruniversität Sera Jey kennenlernen und Praxis und Rituale des tibetischen Buddhismus erleben.

Die Vermittlung von ethischen Fragen und Antworten an junge Menschen liegt mir seit langem am Herzen. Ich habe viele Gespräche mit

Schülern, Lehrern, Ethikern und Kennern des Buddhismus geführt. Dass mir die Schulleitung der Integrierten Gesamtschule List in Hannover im Schuljahr 2013/14 die Gelegenheit gab, die Schülerinnen und Schüler des Kurses «Internationale Politik» bei ihren Projekten zum Besuch des Dalai Lama zu begleiten, hat mich besonders gefreut. Die daraus gewonnenen Erkenntnisse und Erfahrungen sind ebenfalls in dieses Buch eingeflossen. An einigen Stellen kommen die Schülerinnen und Schüler auch selbst zu Wort.

Die in diesem Buch enthaltene «Rede des Dalai Lama an die Generation des 21. Jahrhunderts» ist eine Zusammenfassung von verschiedenen Vorträgen, die der Dalai Lama vor jungen Menschen gehalten hat – auch bei den Veranstaltungen in Norddeutschland und Frankfurt. Dabei hat sich der Dalai Lama auch auf die Situation in Deutschland bezogen, so wie er in anderen Ländern auf die dortige Lage eingeht. Davon abgesehen ist aber seine Botschaft für Jugendliche überall auf der Welt die gleiche. Die Generation des 21. Jahrhunderts ist eine globale Generation, und global ist auch die Botschaft des Dalai Lama.

Ich danke dem Tibet Bureau in Genf für die Unterstützung und die Genehmigung, die Gespräche des Dalai Lama mit Kindern aufzuzeichnen und in diesem Buch wiederzugeben.

ERSTER TEIL

DER DALAI LAMA UND SEINE BOTSCHAFT

1. OZEAN DER WEISHEIT

«Wenn du glaubst, dass du zu klein bist, um etwas zu bewirken, hattest du noch nie eine Mücke im Schlafzimmer»

Die Welt ist jung. Fast 45 Prozent der zurzeit auf diesem Planeten lebenden Menschen sind jünger als 25 Jahre. Das sind annähernd 3 Milliarden Menschen. Es gibt einzelne Länder, in denen es überwiegend ältere Menschen gibt – Deutschland gehört dazu. Insgesamt bevölkert jedoch die größte Jugendgeneration aller Zeiten diesen Planeten. Bereits diese Zahl zeigt, dass die Zukunft der Welt buchstäblich in den Händen von Kindern liegt.

Die Menschheit steht in den kommenden Jahrzehnten vor großen Herausforderungen, die auch und gerade die junge Generation betreffen. «Die größte Aufgabe des Menschen im 21. Jahrhundert ist die Rettung unseres Planeten vor der Zerstörung», formulierte es Michail Gorbatschow, der ehemalige Staatspräsident der Sowjetunion. Nahezu alle Probleme, mit denen wir konfrontiert sind, wie Klimawandel, Bevölkerungswachstum, Umweltverschmutzung, Kriege und Hunger, wurden von Menschen verursacht. So schlimm das ist – es gibt uns zumindest die Chance, das zu verändern. Wir sollten mit der Welt, in der wir leben, besser umgehen. Andererseits lässt es uns hoffen, dass wir auch Lösungen finden können. In allen Ländern sind Regierungen, Wissenschaftler, Unternehmen, Aktivisten, Nichtregierungsorganisationen (sowie Greenpeace oder Amnesty International) und andere engagierte Personen damit beschäftigt, Strategien für eine nachhaltige Entwicklung der Menschheit zu entwerfen. Unter Nachhaltigkeit versteht man, dass sich jede Generation bemüht, diesen Planeten in einem guten Zustand an die nächste Generation zu übergeben. Er sollte nicht weniger wert sein als vorher.

Kinder und Jugendliche haben noch eine lange Lebenszeit vor sich, und sie wollen sie unter möglichst guten Bedingungen verbringen. Gute Lebensbedingungen sind nicht selbstverständlich. Es ist daher sehr gut, dass sich immer mehr Menschen für die Erhaltung unseres Planeten und für gerechte Chancen für alle Menschen einsetzen. Darunter sind zahlreiche Jugendliche. Einige sind durch ihr Engagement bereits international bekannt geworden. Die pakistanische Schülerin Malala Yousafzai kämpfte dafür, dass in Pakistan auch Mädchen und nicht nur Jungen zur Schule gehen dürfen. Nach einem Mordanschlag auf sie floh sie mit ihrer Familie ins englische Birmingham. 2014 erhielt sie im Alter von siebzehn Jahren den Friedensnobelpreis. Der aus Bayern stammende Felix Finkbeiner, der das Nachwort zu diesem Buch geschrieben hat, gründete als Viertklässler im Jahr 2006 die Umweltinitiative «Plant for the Planet». Der heute siebzehnjährige Felix und seine Mitstreiter haben das Ziel, in jedem Land dieser Erde mindestens eine Million Bäume zu pflanzen. Dies soll die CO_2-Emissionen in der Atmosphäre so weit wie möglich absorbieren und damit dem Klimawandel entgegenwirken. Fast 14 Milliarden Bäume sind es bisher. Diese beeindruckende Zahl zeigt, dass Kinder tatsächlich sehr viel bewirken können.

Bei mir hat es deutlich länger gedauert, bis mir klar wurde, dass ich meine Arbeit als Juristin und Mediatorin der internationalen Zusammenarbeit widmen und auf diese Weise etwas für die Welt tun möchte. Ich war schon Mitte dreißig, als ich einige Zeit für die Vereinten Nationen in Südafrika und New York gearbeitet habe. In der UNO haben sich nach dem Zweiten Weltkrieg viele Staaten der Welt zusammengeschlossen, um künftige Kriege zu verhindern und Zusammenarbeit zu gewährleisten.

193 Länder sind Mitglieder dieses Staatenbündnisses. Es treffen dort Menschen aus allen Kulturen und Religionen aufeinander. Sie sprechen verschiedene Sprachen und haben unterschiedliche Vorstellungen davon, wie die Welt aussehen sollte. Das ist ein Grund, warum es in der Regel ziemlich lange dauert, bis in den Gremien der Vereinten Nationen Entscheidungen getroffen werden. Es ist schwierig, gemeinsame Lösungen zu finden, wenn man aufgrund kultureller Unterschiede andere Sichtweisen hat und die Sprache oder das Verhalten des Gegenübers nicht versteht.

Seitdem ich diese Erfahrungen gemacht habe, frage ich mich, wie die junge Generation, auf die es so sehr ankommen wird, besser darauf vorbereitet werden kann, Unterschiede zwischen den Kulturen und Weltanschauungen zu überwinden und *gemeinsam* Lösungen für die Erhaltung unseres Planeten zu entwickeln. Jemand müsste ihr zeigen, wie das geht. Einen Weg weisen. Früher, und in einigen Kulturen auch heute noch, gab oder gibt es tatsächlich solche «Wegweiser» für die junge Generation. Wissende Erwachsene – man nennt sie die Ältesten – versammeln junge Stammesmitglieder unter einem Baum oder an einem Feuer und teilen mit ihnen ihre Erlebnisse und Erfahrungen. Sie erklären, worauf es bei dem Weg in die Zukunft ankommt, warnen vor Gefahren und sprechen Mut zu. Wäre es nicht gut, auch in unserer Zeit einen solchen weisen Ratgeber an der Seite zu haben? Jemanden, der Antworten auf die großen Zukunftsfragen hat und auch für alltägliche Probleme – wie zum Beispiel ständigen Streit mit Geschwistern oder Stress in der Schule – eine Lösung weiß.

Ein Ältester für alle

Es gibt tatsächlich jemanden, der besonders weise ist. Für viele Menschen auf der ganzen Welt ist er der «Älteste» der ganzen Menschheit – der Dalai Lama. Er führt das Wort «Weisheit» nicht nur im Titel (Dalai Lama bedeutet frei übersetzt «Ozean der Weisheit»; eigentlich «Lehrer, der dem Ozean (der Weisheit) gleich ist»), sondern wird in Umfragen immer wieder als weisester lebender Mensch gewählt. Mehr als 40 Prozent der Deutschen benennen ihn als Vorbild. Er ist das Oberhaupt der Buddhisten weltweit und gilt als wichtigster Brückenbauer zwischen den Kulturen und Religionen. Auf seinen Reisen in mittlerweile über fünfzig Länder und bei Begegnungen mit Politikern und religiösen Führern wirbt der Dalai Lama für eine friedliche Lösung der Konflikte auf der Welt und auch der vielen Probleme, die mit Klima- und Umweltfragen zu tun haben. Die wichtigste Botschaft des Dalai Lama ist die Bedeutung menschlicher Werte wie Warmherzigkeit und Mitgefühl.

Der Dalai Lama erregt auf seinen Reisen immer wieder große Aufmerksamkeit und erweckt bei vielen Menschen Sympathie. Dazu tragen seine positive Ausstrahlung und große Herzenswärme bei. Der Dalai Lama inspiriert durch natürliche Freundlichkeit, viel Humor und beeindruckt durch umfangreiches Wissen, klares Denken und die Fähigkeit, sich selbst und auch seine Religion distanziert zu betrachten. Viele Wochen im Jahr reist er um die Welt, um auf Bitten der Menschen die traditionellen buddhistischen Texte zu erklären oder Vorträge über ein «gutes» Leben zu halten.

Dieser internationale «Superstar» der Lebensweisheit ist bestimmt so beschäftigt, dass er keine Zeit für Kinder und Jugendliche hat, könnte man denken. Es stimmt, er ist sehr beschäftigt. Der Dalai Lama nimmt sich trotzdem Zeit, weil die junge Generation ihm am Herzen liegt, sehr sogar. Den Satz «Wenn du glaubst, dass du zu klein bist, um etwas zu bewirken, hattest du noch nie eine Mücke im Schlafzimmer» zitiert er gern. Es ist ihm ein großes Anliegen, die junge Generation auf die Herausforderungen der Zukunft vorzubereiten. Er weiß um ihre Probleme und möchte ihr helfen, eigene Visionen zu entwickeln und tatkräftig daran mitzuwirken, dass die Welt ein glücklicher, friedvoller und mitfühlenderer Ort wird. Ihm ist wichtig, jungen Menschen ein Gefühl der universalen Verantwortung – von «global citizenship» – für diesen Planeten zu vermitteln.

«Er spricht ganz anders mit uns»

Anders als traditionelle Stammesälteste versammelt dieser «globale Älteste» junge Menschen nicht unter einem Baum – obwohl ihm das wahrscheinlich gut gefallen würde. Der Dalai Lama besucht auf der ganzen Welt Schulen, Universitäten und tritt auch gelegentlich in großen Hallen mit bis zu fünftausend Jugendlichen auf. Diese bejubeln den tibetischen Mönch mit der rot-gelben Robe wie einen Star. «Der Dalai Lama ist cool» (Wassia), «Er hat eine enorme Glaubwürdigkeit» (Luzie), «Er ist ein gutes Vorbild» und «Er erschien mir auf eine sehr witzige und gelassene Art heilig und weise» (Nele) sind Eindrücke von Teenagern, die ihn live erlebt haben.

Der Dalai Lama hat die besondere Fähigkeit, selbst in kurzen Begegnungen Warmherzigkeit und Anteilnahme zu vermitteln. Das spüren auch junge Gesprächspartner. «Er spricht ganz anders mit uns, als wir es von Erwachsenen kennen – nicht so von oben herab», beschreibt die fünfzehnjährige Sonja ihre Erfahrung. Ein anderer Schüler, Anouar, meint: «Durch seine entspannte Art entstand eine lockere und angenehme Atmosphäre.» «Sein Lachen ist voll ansteckend. In seiner Nähe hat man ein großes Glücksgefühl», bestätigt seine Mitschülerin Julika.

Bei seinen Treffen mit jungen Menschen erklärt der Dalai Lama, wie es zu Konflikten und Kriegen kommt. Er spricht davon, was jeder Einzelne tun kann, um mit anderen Menschen gute Beziehungen zu haben und mit allen, auch mit der Natur, in Harmonie zu leben. Er übermittelt der jungen Generation eine anspruchsvolle und gleichzeitig leicht verständliche Botschaft über universale Werte, mit denen Jugendliche – und damit alle Menschen – die Zukunft positiv gestalten können. Anschließend haben die Schülerinnen und Schüler die Gelegenheit, den Dalai Lama *alles* fragen zu dürfen, und sie sprechen Themen an wie «Weltfrieden», «Nationalstaaten», «Umgang mit Wut», «gerechte Verteilung von Reichtum» und «Angst vor dem Tod». Sie interessieren sich aber auch dafür, ob Seine Heiligkeit gerne Erdnussbutter isst und ob er ein Handy hat. Die Fragen der jungen Menschen zeugen von Klugheit und dass sie die Probleme (und möglichen Lösungen) der Zukunft erkennen. Andere Fragen zeigen, dass die Kinder wissen, dass auch der Spaß nicht zu kurz kommen darf. Die deutschen Jugendlichen beeindrucken den Dalai Lama sehr. Nach Veranstaltungen in Deutschland lobte der Dalai Lama ihre besondere Fröhlichkeit und Tiefgründigkeit.

Es wäre schön, wenn alle Jugendlichen den Dalai Lama treffen und ihm persönlich Fragen stellen könnten. Das geht leider nicht. Ich freue mich sehr, dass ich Auszüge aus seinen Gesprächen mit Kindern und Jugendlichen für dieses Buch verwenden darf. Ich hoffe, dass die ausgewählten Fragen und Antworten für viele junge Leserinnen und Leser interessant sind. Ich wünsche mir, dass ihnen dieses Buch die große Weisheit und Warmherzigkeit des Dalai Lama nahebringt und sie auf dem Weg in die Zukunft unterstützt.

Eine buddhistische Weisheit besagt: «Folge dem Weisen wie einem Mann, der dir Schätze zeigt!»

Richtig oder falsch?

Ein Schwerpunkt der Tätigkeit des «globalen Ältesten» ist die Verständigung der Völker und der Religionen. «Ich bin ein Mann der Religion», sagt er, «aber die Religion allein kann nicht all unsere Probleme lösen.» In den letzten Jahren hat er sich vermehrt für eine weltliche Ethik jenseits der

Religionen starkgemacht und immer wieder betont, warum wir gemeinsame Werte brauchen und globale Verantwortung tragen.

Das Wort «Ethik» stammt aus dem Griechischen und hatte ursprünglich die Bedeutung von «Sitte», «Gewohnheit» oder «Brauch». Die Begriffe «Sitte» und «sittlich» verwenden wir heute nur noch selten. Sie klingen nach erhobenem Zeigefinger. Warum ist es dennoch sinnvoll, sich in der heutigen Zeit damit zu beschäftigen? Wir benutzen zwar mittlerweile andere Begriffe, stellen uns aber ansonsten noch dieselben Fragen wie vor zweitausend oder dreitausend Jahren. Seit es Menschen gibt, versuchen sie zu bestimmen, welches Verhalten richtig oder falsch, recht oder unrecht, gut oder böse ist. Sie fragen sich: «Was sollen wir tun, was dürfen wir nicht tun?», «Wie sieht ein gutes Leben aus?» oder «Wie können wir gut zusammenleben?»

Die Beantwortung der Frage nach dem «richtigen» Verhalten hängt davon ab, wie die jeweilige Gruppe von Menschen die Angelegenheit beurteilen würde – was also dort Sitte oder Brauch ist. «Ethik» wird daher auch als die Wissenschaft von sittlichen Werten und Handlungen bezeichnet. Sie beschreibt einen Spielraum für richtiges Verhalten. Ethik oder auch Moral bedeutet nicht, auf die Einhaltung von Regeln zu pochen oder diese gar erzwingen zu wollen. Der Dalai Lama beschreibt den Sinn der Ethik folgendermaßen: «Wir können Ethik als Hilfe für die innere Selbstkontrolle zur Förderung jener Aspekte unseres Wesens begreifen, die wir als förderlich für unser eigenes Wohl und für das unserer Mitmenschen erkannt haben.» Ethische Leitlinien bieten uns also eine Orientierungshilfe, indem sie aufzeigen, welche Möglichkeiten für «gutes» oder «richtiges» Verhalten es in der jeweiligen Situation gibt. Die Entscheidung, welche dieser Möglichkeiten gewählt wird, trifft jeder selbst. So verstandene Ethik braucht keinen erhobenen Zeigefinger.

Andere Länder, andere Sitten

Warum ist es überhaupt so wichtig zu wissen, was «gut» und was «schlecht» ist? Könnten nicht alle das machen, wozu sie gerade Lust haben? Nein. Menschen brauchen gemeinsame Spielregeln, um friedlich und harmonisch zusammenzuleben. Anderenfalls herrscht Chaos. Jede Familie trifft Absprachen über Zuverlässigkeit, Ehrlichkeit und respektvollen Umgang miteinander. Wenn größere Gruppen von Menschen zusammenkommen, wie in der Schule, beim Sport, am Arbeitsplatz oder als Bürger eines Staates, sorgen ethische Grundsätze ebenfalls für ein angenehmes und reibungsloses Miteinander. Die Einigung auf gemeinsame Werte ist schwieriger, wenn Menschen aus unterschiedlichen Kulturen oder Religionen aufeinandertreffen. Die Vorstellung von «gut und böse» oder «moralisch und unmoralisch» unterscheidet sich von Land zu Land und von Kulturkreis zu Kulturkreis erheblich. Beispielsweise ist es in der westlichen Welt mittlerweile Brauch, dass Frauen Hosen tragen. Das war nicht immer so. Es ist kaum hundert Jahre her, dass in Europa Frauen, die eine Art «Hosenkleid» – einen Vorläufer der Hose – trugen, angefeindet wurden. In einigen Ländern wie Afghanistan oder in Teilen der Türkei gelten Hosen für Frauen auch heute noch als unmoralisch. In einigen islamischen Ländern müssen Frauen ihren Körper und ihr Gesicht mit einem Umhang, der Burka genannt wird, verhüllen.

Wenn die Wertvorstellungen der Menschen bereits in so einfachen Fragen wie dem Kleidungsstil auseinandergehen, wie schwierig ist es da, sich bei großen Themen zu einigen, wie «Welches ist das richtige Wirtschafts- und Finanzsystem?», «Wie sollen wir mit der Natur und ihren Ressourcen umgehen?» oder «Wie können wir alle unsere persönlichen und religiösen Freiheiten in angemessener Weise verwirklichen?»

Verschärft wird das Problem dadurch, dass der Streit um Werte und abweichende Auffassungen von «gut und böse», «richtig und falsch» zunehmend zu Krieg, Terror und anderen gewaltsamen Auseinandersetzungen führen. Es gibt zu viele Menschen, die davon überzeugt sind, dass nur ihre moralischen Vorstellungen richtig sind. Einige schrecken nicht davor zurück, diese mit Gewalt durchzusetzen. Das ist in einer immer stärker vernetzten und voneinander abhängigen Welt sehr riskant und kann zu einer Gefahr für alle werden.

Warten auf die Explosion

So lässt sich als zentrales Thema des 21. Jahrhunderts folgende Frage formulieren: «Wie kann ein *gutes* Leben, verbunden mit einem angemessenen Anteil an unserem Planeten Erde, für möglichst *alle* Menschen aussehen?» Die uralte Frage nach einem guten oder richtigen Leben ist in der heutigen globalisierten Welt wirklich nicht einfach zu beantworten. Zurzeit richten wir unser Handeln und Denken zu sehr an einem alten, überholten Weltbild aus, in dem einzelne Gruppen immer nur für ihren eigenen Vorteil kämpfen. «Mit dem Smartphone in der Hand und der Bronzezeit im Kopf kommen wir nicht weiter», drückt dies der zeitgenössische Philosoph Michael Schmidt-Salomon aus. Leider ist es so, dass einige Nationen, insbesondere in der westlichen Welt, ihre Bedürfnisse auf Kosten anderer Länder befriedigen und die Lasten auf andere abwälzen. Die US-Amerikaner haben beispielsweise einen Anteil von 5 Prozent an der Weltbevölkerung. Sie verbrauchen 25 Prozent des weltweit zur Verfügung stehenden Öls und anderer fossiler Brennstoffe und produzieren 75 Prozent des insgesamt anfallenden Giftmülls. Für die anderen westlichen Länder sehen diese Zahlen nicht sehr viel besser aus. Der Dalai Lama verwendet daher gerne das folgende Bild, um zu erläutern, wie dringend notwendig gemeinsames Nachdenken und Handeln sind: «Der Mond und die Sterne sehen wunderschön aus. Wenn wir aber auf ihnen leben müssten, würde das misslingen. Dieser unser blauer Planet ist der herrlichste

Lebensraum, den wir kennen. Sein Leben ist unser Leben. Seine Zukunft ist unsere Zukunft. Obwohl ich nicht glaube, dass die Erde ein fühlendes Wesen ist, handelt sie tatsächlich wie unsere Mutter, und wie Kinder sind wir von ihr abhängig. Mutter Natur ruft uns jetzt auf, zusammenzuarbeiten. Angesichts globaler Probleme wie dem Treibhauseffekt und der zerstörten Ozonschicht sind einzelne Nationen hilflos. Wenn wir nicht alle zusammenarbeiten, wird keine Lösung gefunden werden. Unsere Mutter erteilt uns Unterricht in universaler Verantwortung.»

In früheren Zeiten, meint der Dalai Lama, hat man zwar Werte wie Uneigennützigkeit und Verantwortung für das Wohl anderer erkannt, aber nicht deren Nützlichkeit und Notwendigkeit. Heute sind wir aufgrund der schnellen weltweiten Kommunikation besser auf dem Laufenden über das, was weit weg geschieht; wir fühlen uns deshalb viel stärker davon betroffen – und wir sind es auch. Die uralte Frage, was «richtig» und was «falsch» ist, stellt sich jedenfalls im 21. Jahrhundert mit besonderer Dringlichkeit. Unser Überleben könnte davon abhängen, ob wir die richtigen Antworten finden. «Wenn wir keine positiven Veränderungen in der Welt vollziehen, werden wir am Rande eines Vulkans in Erwartung einer Explosion verharren – einer Explosion, die von einem Augenblick zum nächsten eintreten könnte», warnt der Älteste.

Gemeinsam für eine bessere Welt

Der Dalai Lama und mit ihm viele andere Menschen sind der Meinung, dass eine globale Zusammenarbeit nur gelingt, wenn sich alle Beteiligten auf ihre *gemeinsamen* Interessen und Werte konzentrieren. Felix Finkbeiner, der heute siebzehnjährige Gründer der Umweltinitiative «Plant for the Planet», steht für dieses Bewusstsein bei der jungen Generation. Al Gore, ehemaliger Vizepräsident der Vereinigten Staaten, Friedensnobelpreisträger und Oscar-Gewinner (für den Film «Eine unbequeme

Wahrheit»), drückt es in seinem Buch «Die Zukunft» so aus: «Die Weltgemeinschaft braucht dringend eine Führungsmacht, die sich auf die grundlegenden menschlichen Werte stützt.» Der deutsche Theologe Hans Küng setzt sich mit dem Projekt «Weltethos» ebenfalls seit vielen Jahren für Verständigung und Zusammenarbeit über kulturelle und religiöse Grenzen hinweg ein. Die Erklärung zum Weltethos wurde 1993 vom Parlament der Weltreligionen verabschiedet. Der erste Unterzeichner war der Dalai Lama.

Man mag nun vielleicht denken, dass eine solche überall akzeptierte Weltordnung zwar wünschenswert, aber leider unrealistisch ist. Es gibt doch so viele gewaltsame Konflikte und Kriege in der Welt! Folgt man dem Fingerzeig des Dalai Lama, so sieht man aber, dass es bereits erstaunlich viele kultur- und religionsübergreifende Leitlinien und Regeln gibt.

Ein gutes Beispiel ist die sogenannte Ethik der Gegenseitigkeit, die auch als Goldene Regel bezeichnet wird. Fast alle Menschen kennen sie: «Was du nicht willst, das man dir tu, das füg auch keinem anderen zu.» Positiv formuliert ruft die Goldene Regel also dazu auf, andere Menschen so zu behandeln, wie man selbst gerne behandelt werden möchte. Das kann beispielsweise bedeuten, einen Mitschüler nicht zu ärgern, weil man sich selbst unwohl fühlt, wenn man geärgert wird. Noch besser wäre es, nett zu dem Mitschüler zu sein. Alle Menschen wünschen sich, nett und freundlich behandelt zu werden, also sollten wir auch selbst nett zu anderen sein.

Der große Philosoph Immanuel Kant hat im 18. Jahrhundert etwas ganz Ähnliches gemeint, als er seinen berühmt gewordenen «kategorischen Imperativ» formulierte: «Handle nur nach der Maxime, von der du zugleich wollen kannst, dass sie ein allgemeines Gesetz werde.»

Es ist spannend zu sehen, dass diese Ethik der Gegenseitigkeit auch in den uralten heiligen Texten aller großen Weltreligionen enthalten ist.

Bei den Christen heißt es: «Alles, was ihr wollt, dass euch die Menschen tun, das tut auch ihr ihnen ebenso.» (Neues Testament: Matthäus 7,12; Lukas 6,31)

Ganz ähnlich klingt es bei den Muslimen: «Keiner von euch ist ein Gläubiger, solange er nicht seinem Bruder wünscht, was er sich selber wünscht.» (Vierzig Hadithe von an-Nawawi 13)

Die Buddhisten kennen den Spruch: «Ein Zustand, der nicht angenehm oder erfreulich für mich ist, wie kann ich ihn einem anderen zumuten?» (Samyutta Nikaya V, 353.35 – 354.2)

Und wieder ganz ähnlich heißt es bei den Juden: «Tue nicht anderen, was du nicht willst, dass sie dir tun.» (Rabbi Hillel, Sabbat 31 a)

Die Hindus schließlich kennen die Weisheit: «Man sollte sich gegenüber anderen nicht in einer Weise benehmen, die für einen selbst unangenehm ist; das ist das Wesen der Moral. (Mahabharata, XIII.114.8)

Der Dalai Lama bringt die große Übereinstimmung zwischen den Weltreligionen folgendermaßen auf den Punkt: «Das Herz aller Religionen ist eins.» Für ihn ist dies die Basis, um «ungeachtet aller philosophischen Meinungsverschiedenheiten Eintracht zwischen allen spirituellen Traditionen herzustellen». Er wünscht sich auch, dass die Religionen ihre Verantwortung für das Wohlergehen der Menschheit wahrnehmen und eine «gemeinsame Front gegen Kriege und Konflikte errichten».

Der Dalai Lama auf Facebook

Der Dalai Lama ist unermüdlich unterwegs, um seinem Ziel der globalen Ethik näher zu kommen. Seine Besuche und Botschaften sind große Medienereignisse – auch im Internet. Er hat knapp 4,4 Millionen Fans auf Facebook sowie 5,2 Millionen Follower auf Twitter. Ein international bekannter «Twitter-Rockstar», so beschrieb ihn ein amerikanisches Magazin. Und folgende Nachricht hat er vor einiger Zeit auf Facebook gepostet:

«Für die Anhänger aller großen Weltreligionen sind Liebe, Mitgefühl,

Geduld, Toleranz und Vergebung besonders wichtig. Die Religionen stehen für die Verbreitung innerer Werte. Die Lebensumstände in der Welt gestalten sich jedoch so, dass es nicht mehr angemessen erscheint, ethische Überzeugungen ausschließlich aus den Religionen abzuleiten. Ich bin daher zunehmend überzeugt, dass es an der Zeit ist, anders über Spiritualität und Ethik nachzudenken. Wir müssen einen Weg finden, der über das hinausführt, was wir bisher aus den religiösen Traditionen kennen.»

Die Namen des Dalai Lama

Nun haben wir viel über Ethik und die gemeinsamen Werte gehört, die der Dalai Lama und viele Menschen mit ihm vertreten. Die spezielle Botschaft des Dalai Lama ist noch besser zu verstehen, wenn man etwas mehr über ihn und seinen Werdegang weiß. Er hat sich selbst einmal so beschrieben: «Für mich bezeichnet ‹Dalai Lama› das Amt, das ich innehabe. Ich selbst sehe mich in erster Linie als einen Menschen und dann erst als einen Tibeter, der es sich ausgesucht hat, ein buddhistischer Mönch zu sein.»

Das Amt «Dalai Lama» ist auf der ganzen Welt einmalig. Er ist das politische und gleichzeitig das geistige Oberhaupt der Tibeter. Er *heißt* also nicht «Dalai Lama», sondern *ist* der Dalai Lama. Die Frage nach seinem Namen ist gar nicht so einfach zu beantworten. Er hat nämlich mehrere Namen. Als Kind erhielt er von seinen Eltern den Namen «Lhamo Thondup», was wörtlich übersetzt «wunscherfüllende Göttin» bedeutet. Ein solcher Name ist in Tibet für einen Jungen nicht ungewöhnlich. Tibetische Namen für Personen, Orte und Gegenstände sind oft malerisch. Als er Mönch wurde, nahm er den Namen «Tenzin Gyatso» – «Ozean der Weisheit» – an. Menschen, die ihm nahestehen, nennen ihn «Kundun», «die Gegenwart des Buddha». Ich verwende im Folgenden den Namen «Lhamo» für den Jungen und «Tenzin Gyatso» für den Mönch und Dalai Lama.

Tibet, das Dach der Welt

Der Mann mit den vielen Namen stammt aus Tibet. Dieses Land liegt in Zentralasien im Himalaya, dem «Dach der Welt», in mehr als 4500 Metern Höhe. Einige Berggipfel sind über 6000 Meter hoch. Tibet ist ein unendlich weites und spärlich besiedeltes Land. Auf einer Fläche, die fast so groß ist wie Westeuropa, leben nur etwa fünf Millionen Menschen.

«Die Landschaft prägt die Seele», sagt man in Tibet. Der Himmel dort ist weit und ungewöhnlich. Der Horizont scheint sich in jede Richtung bis zur Unendlichkeit zu erstrecken. Es ist daher nicht erstaunlich, dass die Tibeter ein sehr freiheitsliebendes Volk sind. Sie sind auch zäh und ausdauernd – das muss man sein, wenn man in diesem Klima überleben will. Die Winter sind lang und schneereich. Von den Bergen bläst ein eisiger Wind, der einen bis auf die Knochen frieren lässt, und die Kälte nimmt kein Ende.

Die überwiegende Zahl der Tibeter sind Bauern, die in kleinen Dörfern leben, Getreide anbauen und ihre Herden auf Hochplateaus weiden. In den Städten verdienen die meisten Menschen ihren Lebensunterhalt als Handwerker; mittlerweile gibt es auch immer mehr Geschäftsleute.

Die Tibeter sind offene, freundliche und sehr religiöse Menschen, die in ihrem Land mehr als sechstausend Klöster erbaut haben. Das Leben in Tibet ist einfach und am natürlichen Rhythmus des Lebens ausgerichtet. Die Mutter des Dalai Lama, Diki Tsering, beschreibt die Lebenseinstellung der Tibeter so: «Wir wurden ohne viel Aufsehen und Jubelgeschrei geboren, wuchsen zu jungen Menschen heran, wurden verheiratet, hatten selbst Kinder und wurden dann vom Tod eingeholt. Wir lebten den ganzen Kreislauf des Lebens auf einfache Weise, in dem selbstverständlichen Glauben, dass Menschen nichts Besonderes sind und das Leben etwas Natürliches ist.»

Unter fremder Herrschaft

Die meisten der Klöster sind mittlerweile zerstört. Inzwischen leben in der tibetischen Hauptstadt Lhasa mehr Chinesen als Tibeter. Mindestens zwanzig Millionen weitere Chinesen sollen noch auf dem «Dach der Welt» angesiedelt werden. Der Dalai Lama lebt nicht mehr in Tibet, sondern in Indien – ebenso wie über hunderttausend andere Tibeter. Seit Ende der 1950er Jahre kümmert er sich nun aus dem Exil um Tibet, um «das verlorene Königreich».

Was ist passiert? Wie ging das Land auf dem Dach der Welt für die Tibeter verloren? Mitte des vorigen Jahrhunderts marschierte die chinesische Armee in Tibet ein, nachdem der damalige Vorsitzende der Kommunistischen Partei, Mao Zedong, die «friedliche Befreiung Tibets» und «Wiedervereinigung mit dem Mutterland» zu einem der ersten Staatsziele der gerade ausgerufenen Volksrepublik China erklärt hatte. Er brauchte Tibet aus mehreren Gründen: zum einen als bergigen Schutzwall vor dem benachbarten Indien, zum anderen als Stützpunkt für Atomwaffen, als Rohstofflieferant und als Lebensraum für chinesische Siedler.

Quasi über Nacht sah man in Tibet überall chinesische Militärfahrzeuge und Soldaten. Es herrschte ein Klima der Angst. Die neuen Machthaber regierten mit unbarmherziger Härte und Gewalt. Der Besitz vieler Tibeter wurde enteignet und Landreformen durchgesetzt. Es gab für alles Mögliche neue, absurde Vorschriften. Wenn man Feuerholz sammeln wollte, musste man es sich genehmigen lassen. Für einen Verwandtenbesuch in einem anderen Ort brauchte man zwölf Unterschriften.

Am schlimmsten für die Tibeter war das Verbot, ihre Religion auszuüben. Mönche und Nonnen wurden verfolgt und getötet, Klöster enteignet und bombardiert. Chinesische Soldaten verwendeten heilige tibetische Schriften als Toilettenpapier. Mao wollte das alte Tibet und seine Religion vollständig auslöschen. Es war untersagt, den Namen des Dalai Lama zu erwähnen oder eine Fotografie von ihm zu besitzen. Wer das tat, landete im Gefängnis und man riss ihm die Zunge heraus. In nur etwas mehr als einem Jahr nach der Invasion wurden rund um die Hauptstadt Lhasa 87 000 Menschen getötet. Insgesamt verloren nach Schätzungen der tibetischen Exilregierung mehr als 1,2 Millionen Menschen ihr Leben. «Wir haben alle Schrecken dieser Erde erlebt, auf unserem eigenen Boden», fasst der Dalai Lama die schmerzhaften Erfahrungen des tibetischen Volkes rückblickend zusammen. Das tibetische Oberhaupt sah damals keine realistische Möglichkeit, in Tibet zu bleiben, und ging ins Exil nach Indien. Das war im Sommer 1960, er war vierundzwanzig Jahre alt.

Vom Heimatlosen zum Weltbürger

Von Indien aus setzt er sich seitdem für eine friedliche Lösung des Konfliktes mit China ein. Für seine Haltung der Gewaltlosigkeit wurde er 1989 mit dem Friedensnobelpreis ausgezeichnet. Außerdem kümmert er sich um Tibeter, die wie er im Exil leben. Er reist um die ganze Welt, um internationale Unterstützung für die Anliegen der Tibeter zu erhalten. Es geht den Tibetern nicht darum, als eigener Staat von China unabhängig zu werden. Seit vielen Jahren treten der Dalai Lama und die tibetische Exilregierung für einen «mittleren Weg» zwischen Unabhängigkeit und der aktuellen Situation ein. Sie wünschen sich eine echte, nationale und regionale Autonomie Tibets im Rahmen der chinesischen Verfassung. Diese Selbstbestimmung soll sich vorrangig auf kulturelle, religiöse und ökologische Belange erstrecken sowie den Tibetern ermöglichen, ihr Erziehungs- und Ausbildungssystem selbst zu gestalten.

Der Dalai Lama ist mit seinem Weg des passiven Widerstandes erfolgreich, zumindest teilweise. Ihm und dem tibetischen Volk werden weltweit große Sympathien entgegengebracht – eine offizielle Anerkennung der Exilregierung durch andere Staaten ist bisher jedoch nicht erfolgt. Der Dalai Lama gibt nicht auf und trifft sich auf der ganzen Welt mit religiösen Führern und mit Politikern, um zu beraten, wie ein Frieden zwischen Tibet und China erreicht werden kann. Einige Staatschefs lehnen es ab, sich mit ihm zu treffen. Das tibetische Oberhaupt ist der chinesischen Regierung aufgrund seiner Beliebtheit ein Dorn im Auge. Wer den Dalai Lama empfängt, muss mit dem Zorn der chinesischen Machthaber rechnen. Da China ein mächtiges Land ist, schrecken manche Politiker davor zurück, den geistigen Führer der Tibeter zu empfangen.

Wie man Dalai Lama wird

Der Dalai Lama ist traditionellerweise nicht nur der Staatslenker Tibets, sondern auch der spirituelle Führer der tibetischen Buddhisten. Heute gibt es auf der ganzen Welt Buddhisten, nicht nur in Tibet. Der Buddhismus ist eine Glaubensrichtung, die außer in Tibet auch in Thailand, Sri Lanka, Korea, China und Japan verbreitet ist. Auch in Nordamerika und

Europa gehören immer mehr Menschen diesem Glauben an – insgesamt sind 500 Millionen Menschen Buddhisten. Für viele von ihnen ist der Dalai Lama ein großes Vorbild. (Über den Buddhismus mehr in Kapitel 3.) Man sieht, welche großen Aufgaben und Herausforderungen zum Amt des Dalai Lama gehören. Er war bis vor kurzem Oberhaupt eines Landes, dessen Kultur von der Zerstörung bedroht ist, und gleichzeitig wird er von 500 Millionen Buddhisten aus unterschiedlichen Kulturkreisen als geistige Leitfigur angesehen. Das ist eine fast unmögliche Aufgabe – auch für einen «Gottkönig», dem die Tibeter gottähnliche Eigenschaften zuschreiben.

Der Dalai Lama ist überzeugt davon, dass es für die Entwicklung seines Landes besser ist, die politische und die geistliche Amtsführung in getrennte Hände zu geben. Er hat daher im Exil die Demokratisierung der tibetischen Gesellschaft vorangetrieben. Im indischen Dharamsala rief er eine Exilregierung ins Leben mit einem Parlament, einem Kabinett und anderen demokratischen Institutionen. Im Juli 2001 schränkte er seine eigene Macht ein, und die Exiltibeter wählten mit Professor Samdhong Rinpoche ihren ersten Premierminister. Im Frühjahr 2011 zog sich der Dalai Lama von allen politischen Ämtern in der Exilregierung zurück und legte die politischen Geschicke ganz in die Hände der demokratischen Institutionen. Er sei seitdem komplett «pensioniert», beschreibt er selbst seinen neuen Status. Dies betrifft allerdings nur seine politische Verantwortlichkeit. Als geistliches Oberhaupt der Tibeter ist der Dalai Lama nach wie vor im Amt.

Nicht jeder, der sich berufen fühlt, kann sich um das Amt des Dalai Lama bewerben. Zum Dalai Lama wird man nicht gewählt oder ernannt, sondern geboren. Man könnte sich das nun so vorstellen, dass der Dalai Lama als Sohn eines Königs oder Gottkönigs geboren wird und nach dessen Tod das Amt übernimmt. So ist das beispielsweise in europäischen Königshäusern. Die Tibeter haben sich für eine andere Vorgehensweise entschieden: sie suchen ihn in einem besonderen «Talentwettbewerb».

Seine außergewöhnliche Kindheitsgeschichte ist ein wesentlicher Grund, warum dem Dalai Lama auf der ganzen Welt Sympathien zufliegen. Viele Menschen sind fasziniert von dem Schicksal des Bauernjungen, der sich unerwartet und unvorbereitet in einem Palast mit tausend Zimmern wiederfand. Als Sechzehnjähriger musste er bereits sein Land regieren, in das gerade die chinesische Armee einmarschiert war. Die Bewältigung dieser Schwierigkeiten bereits als junger Mensch macht ihn zu einem wertvollen Ratgeber insbesondere für die junge Generation.

Ich möchte seine Geschichte im Folgenden erzählen und bin sicher, dass das Schicksal des Jungen auf dem Löwenthron viele berühren und beeindrucken wird.

2. DER JUNGE AUF DEM LÖWENTHRON

Ein erleuchtetes Wesen kehrt zurück

Die Lebensgeschichte des Dalai Lama beginnt bereits vor seiner Geburt. Wie ist das möglich? Die Tibeter glauben, dass im Dalai Lama der von ihnen besonders verehrte Bodhisattva und Schutzheilige Chenrezig als Mensch wieder und wieder auf die Welt kommt, um Tibet zu beschützen. Ein Bodhisattva ist jemand, der den Eintritt ins erlösende Nirwana bereits verdient hat und sich freiwillig dafür entscheidet, erneut geboren zu werden, um anderen zu helfen. Nach dem buddhistischen Glauben werden alle Lebewesen wiedergeboren, bis sie als höchstes Ziel das Nirwana erreichen. Nur wer diesen erleuchteten Zustand erreicht, muss nicht mehr wiedergeboren werden und nicht mehr leiden. Der Bodhisattva Chenrezig, «der mit klaren Augen Schauende», verzichtet auf seine eigene Erlösung. Er sieht das Leid der Welt und will es lindern. Der mitfühlende Chenrezig zeigt sich den Tibetern immer in der Gestalt des jeweiligen Dalai Lama. Dieser setzt die Aufgaben fort, die durch seine Vorgänger nicht vollendet wurden. Der jeweilige Dalai Lama nimmt quasi einen Faden auf, den der vorherige Dalai Lama im Augenblick seines Todes loslässt.

Die Prophezeiung des 13. Dalai Lama

Der aktuelle Dalai Lama, der vierzehnte in einer langen Reihe von Oberhäuptern Tibets, musste den Faden an einer besonders schwierigen Stelle aufnehmen – die Invasion durch China stand kurz bevor. Der 13. Dalai Lama, Thubten Gyatso, hatte vor seinem Tod diese großen Herausforderungen für Tibet und seinen Nachfolger bereits heraufziehen sehen und sagte Folgendes voraus: «Es kann geschehen, dass hier im Herzen Tibets die Religion und die weltliche Verwaltung sowohl von außen wie von innen angegriffen werden. Was die Klöster und die Geistlichkeit anbelangt, so werden ihre Ländereien und sonstigen Besitztümer zerstört werden. Alle Wesen werden in große Not und übermäßige Furcht geraten; im Leid werden Tage und Nächte langsam vergehen.»

Im Land der Pferde

Die Familie des Jungen, der kurz vor Sonnenaufgang am 6. Juli 1935 in der Region Amdo, «dem Land der Pferde», in Zentraltibet geboren wurde, ahnte von all dem nichts. Es waren einfache Bauern mit einer kleinen Landwirtschaft, und sie wohnten in einem der für diese Gegend typischen Häuser aus Stein und Lehm. Im Haus gab es sechs Räume. Der behaglichste Aufenthaltsort war die Küche, da diese mit dem großen Herd beheizt werden konnte. Die Kinder hatten kein eigenes Zimmer. Als Kleinkinder schliefen sie bei der Mutter und später in der Küche neben dem Herd. Es gab nur wenige Möbel. Die Familie hatte weder Stühle noch Betten, zum Schlafen legten sich die Erwachsenen auf erhöhte Schlafstellen im Elternschlafzimmer oder in der Gästekammer. Die Familie lebte als Großfamilie mit den Eltern des Ehemannes zusammen. Die Mutter des Dalai Lama beschreibt ihre Schwiegermutter als eine «Despotin, die jeden herumkommandierte und vor nichts und niemandem Angst hatte». Das Leben als Schwiegertochter war für sie alles andere als leicht. Sie musste sehr hart arbeiten und bekam in den ersten Jahren kaum mehr als drei bis vier Stunden Schlaf pro Nacht. Ihr Ehemann war keine große Hilfe. Er war zwar «ein ehrlicher, aufrechter Mann, aber auch jähzornig und herrschsüchtig. Dazu war er ein leidenschaftlicher Spieler und Lebemann und ritt mit Vorliebe schnelle Pferde. Wie seine Mutter machte er keinen Finger krumm. Er war ständig unterwegs und wusste kaum, was auf seinen Feldern ausgesät war», erzählt die Mutter des Dalai Lama rückblickend über ihren Ehemann. Familienprobleme gibt es also auch auf dem Dach der Welt.

Die Familie des zukünftigen Dalai Lama lebte davon, verschiedene Getreidesorten und Kartoffeln anzubauen. Sie hielten auch Vieh. Rund achtzig Schafe und Ziegen, Yaks und auch einige Pferde waren hinter dem Haus untergebracht. Yaks sind besondere Rinder, denen die große Höhe im Himalaya keine Probleme macht. Sie haben langes, zotteliges Fell und sind daher auf die kalten und schneereichen Winter in Tibet gut vorbereitet.

Die Monate vor Lhamos Geburt waren für die Mutter besonders schwer. Sie hatte bereits viele Kinder geboren, und der Vater war seit mehreren Monaten krank. So musste sie den Vater bei der Versorgung der Tiere und des Hofes ersetzen. Am Tag der Geburt des kleinen Jungen fühlte sich der Vater plötzlich ohne ersichtlichen Grund wieder besser. Er konnte sogar aufstehen. Beide Eltern freuten sich sehr über den gesunden Familienzuwachs – die Säuglingssterblichkeit in Tibet war hoch, und vier Kinder des Paares waren bereits gestorben. Der Mutter fiel schnell auf, dass sich der Kleine anders verhielt als ihre übrigen Kinder. «Er war von Anfang an ein ungewöhnliches Kind», erinnert sie sich. Lhamo war in sich gekehrt und blieb am liebsten im Haus. Eine seiner Lieblingsbeschäftigungen war es, Spielsachen und Kleidung in einen Sack zu packen. Als die Eltern den Jungen fragten, warum er das mache, sagte er mit Bestimmtheit, dass er nach Lhasa gehen und seine Familie mitnehmen werde. Lhasa ist die heilige Stadt Tibets und fast 2000 Kilometer von der Provinz Amdo entfernt. Der Kleine zeichnete auch Umrisse von großen Häusern – die er noch nie gesehen hatte – und verkündete stolz, dass seine Familie eines Tages in einem solchen Haus wohnen werde. Völlig überrascht waren die Eltern schließlich, als das Kind überzeugt war, es sei aus dem Himmel zu ihnen gekommen.

Ein glückliches kleines Kind

Bis zum Alter von zweieinhalb Jahren war das Leben des künftigen Beschützers von Tibet wie das anderer Kinder in demselben Dörfchen. Diese Zeit war die einzige, in der sich der Dalai Lama wie ein durchschnittlicher Mensch fühlen durfte. Weder er noch seine Familie ahnten damals, welche große Verantwortung und Herausforderungen auf ihn zukommen würden. Rückblickend bezeichnet er diese Zeit als die glücklichste seines Lebens.

Im Dorf gab es keine Elektrizität. Daher begann der Tag für die Familie des kleinen Lhamo im Morgengrauen. Bei Sonnenaufgang mussten die Kinder gewaschen und angezogen sein. Es folgten die Morgengebete und Rituale zum Tagesanfang. Zum Frühstück gab es Tee und Tsampa, einen Brei aus Getreide, üblicherweise Gerste. Die Jungen übernahmen leichte Aufgaben wie Unkrautjäten, Wasserholen und das Sammeln von Feuerholz. Eine von Lhamos Lieblingsaufgaben war es, im Hühnerstall nach Eiern zu suchen. Er machte sich dann häufig einen Spaß daraus, in einen der Brutkästen zu klettern, sich dort zusammenzukauern und wie eine Henne zu gackern.

Wenn diese Pflichten erfüllt waren, durften die Kinder die Umgebung des Dorfes erkunden. Das Dach der Welt wurde zu ihrem Spielplatz. Vor der atemberaubenden Kulisse des Himalaya planschten sie im Sommer in den klaren Bächen oder begleiteten die Kuh- und Schafhirten auf den Wanderungen mit ihren Tieren. Die einzigen lauten Klänge in der friedlichen Bergeinsamkeit waren die Gesänge der Bauern, mit denen sie die Yak-Herden zusammenhielten. Yaks mögen es, wenn man ihnen etwas vorsingt. In den bitterkalten, schneereichen Wintern blieben die Kinder in der Nähe der Herdfeuer, ließen sich von den Großeltern Geschichten erzählen und schliefen nachts unter mehreren Lagen warmer Schaffelle.

Der kleine Lhamo hatte vier ältere Geschwister. Seine Schwester Tsering Dölma war bereits achtzehn, als er auf die Welt kam, und half der Mutter im Haushalt. Zwei der drei Brüder lebten nicht mehr im Haus der Eltern – einer war im Kloster Kumbum, der andere ging im Nachbardorf zur Schule. Nur der um drei Jahre ältere Bruder, Lobsang Samten, war als Spielkamerad für Lhamo verfügbar. Der Dalai Lama erinnert sich daran, dass dieser Bruder besonders gut Witze erzählen konnte. Sie stritten sich aber auch häufig – eigentlich fast immer. Das ging, wie bei anderen Jungen auch, nicht ohne Blessuren ab. Sein Bruder habe noch Jahre später Narben von diesen Rangeleien gehabt, gab der Dalai Lama in einem Interview zu.

Fremde Reiter in geheimer Mission

Das Ende der fröhlichen Zeit als Dorfjunge kam für den noch nicht ganz dreijährigen Lhamo plötzlich und ohne Vorwarnung. An einem verschneiten Wintermorgen ritten mehrere Fremde in Taktser ein. Sie sahen aus wie normale Reisende, waren aber in geheimer Mission unterwegs. Nach dem Tod des 13. Dalai Lama im Jahr 1933 waren mehrere Suchtrupps ausgesandt worden, um nach der 14. Inkarnation des Dalai Lama Ausschau zu halten. Den neuen Dalai Lama zu finden war die wichtigste und zugleich schwierigste Aufgabe der Übergangsregierung, die zwischenzeitlich die Regierungsgeschäfte übernommen hatte. Die Herrschaft eines neuen Dalai Lama setzt voraus, dass das gefundene Kind mit absoluter Sicherheit als Wiedergeburt des kürzlich verstorbenen tibetischen Oberhauptes gilt. Diese Suche kam in dem weiten menschenarmen Land der sprichwörtlichen Suche nach der Nadel im Heuhaufen gleich.

Die Suche nach der 14. Inkarnation des Dalai Lama hatte sich bereits zwei Jahre hingezogen, als die Gruppe von Reitern im Heimatdorf des kleinen Lhamo eintraf. Eine Reihe von Anzeichen hatte sie dorthin geführt. Nach dem Tod des 13. Dalai Lama hatte die Regierung die Provinzbehörden angewiesen, sich nach einem Neugeborenen mit den Merkmalen des verstorbenen 13. Dalai Lama umzuschauen: längliche Augen, große Ohren, Handflächen «mit Muschelmuster», Beine «mit gestreifter Haut wie die eines Tigers». Die drei Staatsorakel hatten den Nordosten, in dem auch die Provinz Amdo liegt, als vielversprechendes Suchgebiet identifiziert, da sie Visionen mit Wolkenformationen und Pflanzen gehabt hatten, die für diesen Landesteil typisch sind. Ein Orakel hatte in einer Vision ein Haus mit ungewöhnlich farbigen Dachziegeln und einer krummen hölzernen Regenrinne gesehen.

Diese Vorhersage gab für den Suchtrupp den Ausschlag, an das Haus von Lhamos Familie zu klopfen – es besaß so eine seltsame Dachrinne, wie sie das Orakel beschrieben hatte. Sie gaben sich als Reisegruppe aus und fragten nach einem Lager für die Nacht. Der Leiter der Gruppe, Abt des berühmten Klosters Sera mit damals 7500 Mönchen, hatte sich als Diener verkleidet. Der kleine Lhamo wurde in die Küche geschickt, um Brot und Tee für die Gäste zu holen. Der «Diener» folgte ihm und begann mit dem Kind zu spielen. Lhamo kletterte auf seinen Schoß und interessierte sich besonders für die Gebetskette, die der fremde Mann um seinen Hals trug. Der Kleine wollte die Kette haben. Die sollte er bekommen – wenn er ihm sagen könne, wen er vor sich habe. Lhamo hatte den Mann noch nie gesehen, zumindest nicht in diesem Leben. Treffsicher sagte er «Sera Lama», was «Mönch aus dem Kloster Sera» bedeutet. Der Abt war beeindruckt. Der Junge wusste trotz seiner Verkleidung, wer er war. Außerdem hatte er großes Interesse an der Gebetskette gezeigt – die Kette des 13. Dalai Lama. Nun enthüllten die Reisenden Lhamos Eltern ihre Identität und den Zweck ihres Besuches. Das Paar war sehr geschmeichelt. Viele Mütter eines kleinen Sohnes hatten wohl insgeheim gehofft, dass der Suchtrupp gerade an ihre Tür klopfen würde.

Ein entscheidender Test

Am nächsten Tag reiste die Gruppe ab, kehrte aber einige Tage später als offizielle Delegation zurück. In ihrem Gepäck war eine Reihe von Gegenständen, die dem 13. Dalai Lama gehört hatten, zusammen mit anderen, ähnlichen, die nicht von ihm stammten.

Dann wurde der kleine Lhamo auf die Probe gestellt: War er wirklich die Wiedergeburt des Dalai Lama, müsste er sich an Gegenstände aus seinem früheren Leben erinnern. Dem Jungen wurden unter anderem zwei gleiche schwarze Gebetsketten hingehalten – eine hatte dem vorherigen Dalai Lama gehört, die andere nicht. Der kleine Lhamo zeigte auf die richtige Kette und rief: «Die gehört mir, die gehört mir!» So ging es auch mit den anderen Gegenständen. Der Suchtrupp war nun nahezu überzeugt, das richtige Kind gefunden zu haben. Zuvor mussten aber noch einige andere Kandidaten geprüft werden.

Man brauchte aber nicht lange, bis Lhamo zum neuen Dalai Lama ernannt wurde. Er wurde in das nahe gelegene Kloster Kumbum gebracht, wo im Morgengrauen eine feierliche Zeremonie stattfand. Der Dalai Lama erinnert sich rückblickend, dass er vor Sonnenaufgang geweckt und angezogen wurde. Er wurde zum ersten Mal auf einen Thron gesetzt. Sein Leben als «Gottkönig» hatte begonnen.

Es gibt übrigens zwei interessante Filme dazu: Der wunderschöne Film «Kundun» erzählt die Lebensgeschichte des Dalai Lama von seiner Auffindung als Reinkarnation des 13. Dalai Lama bis zur Flucht aus Tibet. In «Little Buddha» besucht eine Gruppe von tibetischen Mönchen eine Familie in Seattle und erklärt den erstaunten Eltern, dass ihr Sohn Jesse die Reinkarnation eines hochrangigen Lama sein könnte.

Heimweh

Lhamo freute sich zunächst, im Kloster Kumbum zu sein. Seine älteren Brüder, Norbu und Lobsang, waren auch dort, und sie genossen ihr Wiedersehen. Es dauerte nicht lange, bis Lhamo begriff, dass er zwar mit seinen Brüdern wieder vereint war, dass ihm aber eine andere Trennung bevorstand. Seine Eltern gingen nach Taktser zurück und ließen die Jungen in der Obhut des Klosters zurück. Der dreijährige Lhamo weinte, ebenso sein Bruder Lobsang. Norbu war an das Klosterleben schon gewöhnt und tat sein Bestes, um seine kleinen Brüder zu trösten – allerdings ohne großen Erfolg. Lhamo fühlte sich von den Eltern verraten und im Stich gelassen. Er flehte seinen Bruder an, ihn nach Hause zu bringen.

Es dauerte einige Zeit, bis Lhamo sich in sein neues Leben einfand. Wohl fühlte er sich in Kumbum nie. In seiner Autobiographie erinnert sich der Dalai Lama später, dass er damals ziemlich unglücklich war. Er begriff nicht, was es bedeutet, Dalai Lama zu sein. Er war doch ein ganz normaler Junge! Aber das Leben im Kloster hatte auch schöne Seiten. Da waren ja seine Brüder, besonders mit Lobsang war er viel zusammen. Zum anderen kümmerte sich ein alter Mönch fürsorglich um ihn. Lhamo durfte auf seinen Schoß klettern und sich in den Falten der Mönchsrobe aufwärmen. Gelegentlich bekam er einen Pfirsich geschenkt. Vielleicht ist das einer der Gründe, warum der Dalai Lama Warmherzigkeit so hoch schätzt – er lernte schon früh, dass man ohne sie nicht überleben kann.

Lhamo saß in Kumbum und wartete. Worauf eigentlich? Es dauerte Monate, bis alles für die Abreise nach Lhasa, der heiligen Stadt Tibets, geregelt war. Unter anderem musste mit dem chinesischen Provinzgouverneur – Amdo lag damals schon auf chinesischem Hoheitsgebiet – ein Lösegeld für den Jungen ausgehandelt werden. Der Kleine war bereits mit drei Jahren zum Spielball der Politik geworden.

Eine Karawane macht sich auf den Weg

Im Sommer 1939 war es schließlich so weit. Die Abreise stand bevor. Lhamo war überglücklich, da er seine Eltern wiedersah, die mit ihm nach Lhasa reisten. Mit von der Partie waren auch seine Brüder Lobsang und Gyalo. Norbu blieb im Kloster Kumbum zurück.

Die Karawane der Reisegesellschaft war nicht zu übersehen. 350 Pferde und Maultiere, 50 Menschen und eine Kutsche gehörten ihr an. Lhamo teilte sich mit Lobsang eine Sänfte, die von zwei Maultieren getragen wurde. Die Jungen waren zwar Freunde geworden, stritten aber unentwegt miteinander. Manchmal rauften sie so heftig, dass die Sänfte fast umkippte. Die herbeigerufene Mutter der Jungen fand dann immer das gleiche Bild vor: Lobsang war tränenüberströmt, und Lhamo saß triumphierenden Blickes daneben. Lobsang war sanftmütig, Lhamo eher angriffslustig. Für sein damaliges Verhalten hätte der Dalai Lama den Friedensnobelpreis wohl kaum bekommen. Auch inkarnierte Heilige fangen klein an.

Drei Monate und dreizehn Tage zog die Karawane durch das kaum besiedelte Land ihrem Ziel Lhasa entgegen. Sie musste Bergpässe und Flüsse überwinden. Die Nächte verbrachte die Reisegesellschaft in dünnen Zelten, die kaum ausreichenden Schutz gegen die manchmal heftigen Unwetter boten. Die einzige Abwechslung im Reisealltag waren vorbeiziehende Nomaden mit ihren Tieren.

Ob Lhamo während dieser Monate wohl ein Gefühl dafür entwickelte, dass ihn die Maultiere mit ihrer Sänfte in eine ganz besondere Zukunft trugen? Ahnte er etwas von der ungeheuren Verantwortung, die auf ihn zukommen sollte?

Die goldene Stadt Lhasa

Irgendwann sahen sie endlich die goldenen Dächer der Stadt Lhasa vor sich liegen. Lhasa ist Tibets Hauptstadt und wird von den Tibetern auch als «heilige» Stadt bezeichnet. Hier befinden sich der Jokhang – Tibets heiligster Tempel – und die beiden Paläste des Dalai Lama. Der größere ist der Potala-Palast, in dem der Dalai Lama während der kalten Jahreszeit lebt. Den Sommer verbringt er im Norbulingka-Palast, dem «Juwelenpark».

Als er in die Hauptstadt Lhasa kam, hatte der Junge aus dem kleinen Dorf das Gefühl, nach Hause zu kommen. Das ist nicht so erstaunlich, schließlich hatte er nach tibetischer Überzeugung bereits dreizehn Leben dort verbracht. Die meiste Zeit davon im Potala-Palast, der schon von weitem überwältigend aussieht. Er thront auf einem Hügel über der Stadt und hat sieben Stockwerke mit tausend Zimmern; eine riesige Steintreppe mit zweitausend Stufen führt zu ihm hinauf. Die Räume schienen überzuquellen von goldenem und silbernem Zierrat. Einige Portraits der früheren Dalai Lamas waren sogar aus massivem Gold. Der Potala war damals mehr als ein Palast. Er enthielt die Privaträume des Dalai Lama, Regierungsräume, zahllose Speicher und beherbergte ein Kloster mit 175 Mönchen. Unzählige religiöse Schriftrollen, allesamt nationale Heiligtümer, lagerten dort, und sieben der dreizehn Dalai Lamas haben im Potala ihre letzte Ruhestätte.

Kurz nach der Ankunft in Lhasa fand im heiligen Tempel der Stadt ein Ritual statt, das endgültig den Beginn eines neuen Lebens für den Jungen bedeutete. Er musste seinen Namen, Lhamo Thondup, ablegen und bekam dafür eine ganze Reihe neuer Namen. Hier sind sie in voller Länge: Jamphel Ngawang Lobsang Yeshe Tenzin Gyatso. Zu Deutsch: «Die sanfte Pracht, die Weisheit, der Herr der Sprache, das edle Herz, der Ozean der Weisheit».

Nur wenige Monate später, im Februar 1940, folgte ein weiteres wichtiges Ritual. Tenzin Gyatso wurde der Inhaber des Löwenthrons, der in den sechs Jahren seit dem Tod des 13. Dalai Lama leer geblieben war. Dieser Thron hat seinen Namen von den acht hölzernen Löwen, die ihn flankieren. Tenzin Gyatso war keine fünf Jahre alt, als er den hohen Thron bestieg. Ein Diener musste ihm helfen hinaufzuklettern. Die Tibeter waren trotzdem froh, dass die Seele ihres Beschützers wieder nach Lhasa und auf den Löwenthron zurückgekehrt war, wenn auch im Körper eines Kindes. Tenzin Gyatso fand schnell heraus, dass seine neue Rolle auch Vorteile brachte. Er war begeistert von den zahlreichen Geschenken, die anlässlich seiner Thronbesteigung eintrafen. Besonders hatte es ihm ein Vogelpaar angetan, das Vertreter der britischen Regierung gebracht hatten. Er machte sofort Gebrauch von seiner neuen Autorität und verfügte, dass die Vögel in seine privaten Räume gebracht wurden. Dort bewahrte er schon seine anderen Lieblingsgeschenke auf – eine Kuckucksuhr, eine Armbanduhr und eine Musikbox.

Leben im Potala-Palast

Obwohl der Potala-Palast sehr prächtig war, gefiel es dem jungen 14. Dalai Lama dort nicht besonders gut. Er war im obersten Stockwerk im Schlafgemach des 5. Dalai Lama untergebracht, das ihm uralt und vermodert vorkam. In den Ecken und hinter den Vorhängen schien jahrhundertealter Staub zu liegen. In seiner Autobiographie erinnert sich der Dalai Lama, dass sein Schlafzimmer von Mäusen bevölkert war, die täglich die Opferschalen plünderten, die für die Buddhas bereitgestellt wurden. Auch sein Bett wurde gelegentlich von den kleinen Plagegeistern heimgesucht. Er machte sich einen Spaß daraus, die Tierchen zu beobachten, und entwickelte mit der Zeit große Zuneigung zu den kleinen Mitbewohnern.

Menschliche Gefährten hatte er nur wenige, auch wenn er in dem riesigen Palast natürlich nicht alleine war – es gab viele Diener, Lehrer und Regierungsbeamte. Aber von seiner Familie war nur wieder sein Bruder Lobsang ebenfalls im Potala-Palast untergebracht. Seine Eltern wohnten in einem großen Steinhaus – fast so, wie es der kleine Lhamo vorhergesehen hatte – in der Nähe.

Auch ein Gottkönig muss lernen

Mit sechs Jahren wurde Tenzin Gyatso zum Novizen geweiht. Nun war er also ein «Mönch in Ausbildung» und musste der buddhistischen Tradition entsprechend sein Haupt stets rasieren und eine gelbe Mönchsrobe tragen. In diesem Alter begann auch seine Ausbildung; dafür standen mehrere Mönche als Lehrer zur Verfügung. Natürlich musste Tenzin Gyatso zunächst lesen und schreiben lernen, danach standen auch Fächer wie Medizin und buddhistische Philosophie auf dem Lehrplan. Der Dalai Lama beschreibt sich rückblickend als ziemlich unwilligen Schüler. Eines seiner Lieblingsfächer sei Turnen gewesen.

Ein normaler Tag während der Ausbildung sah so aus: Um sechs Uhr

aufstehen und eine Stunde lang beten und meditieren. Nach dem Frühstück begann der erste Unterricht, der aus Lesen, Schreiben und Auswendiglernen von religiösen Texten bestand. Ab zehn Uhr musste der junge Dalai Lama an den Sitzungen der Regierung teilnehmen. Anschließend durfte er bis zum Mittagessen spielen. Nach dem Mittagessen wurde der Unterricht fortgesetzt. Das streng durchorganisierte Tagespensum fand erst am frühen Abend ein Ende. Dann hatte der Junge «frei», durfte aber den Palast nicht verlassen. Das war ihm nur zu offiziellen Anlässen wie beispielsweise religiösen Festen erlaubt. Tenzin Gyatso hatte daher in seiner Freizeit kaum Möglichkeiten, mal etwas anderes zu erleben. Seine Lieblingsbeschäftigung war es, auf das Dach des Potala zu klettern. Dort beobachtete er mit seinem Teleskop den Mond und die Sterne. «Ich bin ein neugieriger Mensch, und wäre ich nicht Mönch geworden, dann wahrscheinlich Ingenieur», erklärt er rückblickend sein Interesse an diesen Erkundungen mit dem Fernrohr.

Heinrich Harrer zeigt ihm fremde Welten

Von dort oben inspizierte er regelmäßig die Umgebung des Palastes mit seinem Fernrohr. Eines Tages, da war er dreizehn Jahre alt, entdeckte er bei einer solchen «Erkundung» einen Menschen mit blonden Haaren, der aus einer Gruppe von Tibetern herausstach. Das erregte natürlich sofort die Aufmerksamkeit des Jungen, und er bat seine Mutter, Kontakt zu dem Fremden herzustellen. Der Mann war der österreichische Bergsteiger Heinrich Harrer, der in den Wirren des Zweiten Weltkrieges aus einem britischen Gefangenenlager nach Lhasa geflohen war. Der junge Dalai Lama hatte große Sehnsucht nach der Welt außerhalb der Palastmauern. Vielleicht konnte ihm der Europäer einen Zugang zu dieser für ihn ansonsten verschlossenen Welt eröffnen? Er lud ihn zu einer Audienz ein, freundete sich mit ihm an und engagierte den Österreicher schließlich als Lehrer, Fotografen und Kameramann. Die von Heinrich Harrer gedrehten Filme ermöglichten dem Teenager zum ersten Mal, den Alltag seiner Familie mitzuerleben. Er konnte seine Eltern und Geschwister beim Picknick sehen oder die Reitstunden seines Bruders verfolgen.

Tenzin Gyatso nutzte auch die Gelegenheit, etwas über das Leben im Westen zu erfahren. Er lernte von Heinrich Harrer die englische Sprache und ließ sich europäische Sitten und Gebräuche erklären. Beispielsweise wie man jemandem zur Begrüßung die Hand gibt. In Tibet ist das nicht üblich. Tibeter dürfen den Dalai Lama nicht ansehen und erst recht nicht berühren. Später würde er bei seinen Reisen um die Welt und bei öffentlichen Auftritten Hunderttausende Hände schütteln.

Über die gemeinsame Zeit mit dem jungen Dalai Lama hat Heinrich Harrer das Buch «Sieben Jahre in Tibet» geschrieben. Es wurde ein Weltbestseller und legte den Grundstein für die spätere Popularität des Dalai Lama in den westlichen Ländern. Mit Brad Pitt in der Rolle des Heinrich Harrer wurde es auch verfilmt – ein weiterer spannender Film über das Leben des tibetischen Oberhaupts. Der Dalai Lama und Heinrich Harrer waren bis zu dessen Tod im Jahr 2006 enge Freunde.

Der Österreicher baute für den Dalai Lama im Potala-Palast ein Kino, wo mit einem alten Filmprojektor Harrers Aufnahmen von religiösen Festen oder anderen Ereignissen in Lhasa gezeigt wurden. Außerdem hatte der 13. Dalai Lama einige Filmrollen hinterlassen, darunter auch Dokumentationen, beispielsweise über das Leben Mahatma Gandhis. Ab und zu gab es kurze Nachrichtensendungen, die das Kriegsgeschehen in Europa zeigten. Weder der Junge noch sein Lehrer ahnten, dass sich zu dieser Zeit bereits ein Krieg über Tibet zusammenbraute.

Wieder am Wendepunkt: Ein Krieg bricht aus

Umbruchsituationen und dramatische Veränderungen scheinen zum Schicksal des Dalai Lama zu gehören. Vielleicht lebt er deshalb von Augenblick zu Augenblick. Man weiß ohnehin nie, was der nächste Moment bringt.

Das Jahr 1950 brachte für ihn und alle anderen Tibeter den Beginn einer schlimmen Krise, die bis heute andauert. Die Prophezeiung des 13. Dalai Lama wurde wahr. Im Oktober 1950 begann mit der Besetzung der Provinz Kham der verheerende Feldzug der chinesischen Armee zur Eroberung Tibets.

Mit dem Einmarsch der chinesischen Truppen verbreiteten sich Angst und Schrecken unter den friedliebenden Tibetern. Sie ahnten, dass sich Peking ihr Land einverleiben und ihre jahrtausendealte Kultur zerstören wollte. Rückblickend beschreibt der Dalai Lama die damaligen Ereignisse mit den folgenden Worten: «Es kamen Gäste, die wir nicht eingeladen hatten, und sie kamen mit Waffen.»

Angesichts der brisanten Lage übertrug man dem sechzehnjährigen – noch unmündigen – Tenzin Gyatso die Regierungsgewalt. Er wusste, dass seine Jugend damit schlagartig zu Ende war. Er musste ein Land führen, das sich auf einen Krieg vorbereitete. Das war eine kaum zu bewältigende Aufgabe für einen Teenager, der fast ohne Kenntnis weltlicher Dinge aufgewachsen war. Später sagte er über diesen entscheidenden Wendepunkt seines Lebens: «Seither hat es nur Probleme gegeben. Immer nur Probleme.»

In der folgenden Zeit erhielt das junge Oberhaupt Tibets sehr schnell ungewollte Lektionen über «die Brutalität der Politik, gnadenlosen Imperialismus, grausamen Eroberungswillen und die Sprache der Waffen». Er sagt selbst, «dass er keine Ahnung vom diplomatischen Spiel hatte» und dennoch langwierige Verhandlungen mit der chinesischen Regierung führen musste. Diese verliefen im Sande. Mao Zedong machte aus seiner Verachtung für die Tibeter keinen Hehl. Er soll dem jungen Dalai Lama gedroht haben: «Sie haben eine große Geschichte, vor langer Zeit haben sie sogar weite Teile Chinas erobert. Aber jetzt sind sie im Rückstand.»

Der junge Tibeter bemühte sich um internationale Unterstützung, aber das Hilfeersuchen an die Vereinten Nationen blieb ohne Erfolg. Im März 1959 spitzte sich schließlich die Lage zu. Es kam das Gerücht auf, dass die Chinesen planten, den Dalai Lama zu entführen. Sein Leben war in Gefahr. Eine aufgebrachte Menge von mehr als 30 000 Männern und Frauen strömte zum Palast des Dalai Lama, um ihn zu schützen. In Lhasa brach Panik aus, als zwei Granaten vor dem Tor des Palastes einschlugen. Allen war klar, dass nicht mehr viel Zeit blieb, um eine Entscheidung zu treffen. In Tibet ist es eine alte Tradition, in kritischen Situationen ein Orakel zu befragen. So war es auch in diesem Fall. Die Antwort des Mediums war eindeutig. Es schrie: «Geh! Geh! Heute Nacht!»

Der Dalai Lama war an diesem Abend im Norbulingka, dem Sommerpalast. Er befand sich in einem kaum lösbaren Dilemma. Entschied er sich zu bleiben, käme es zu Gewalt und einem blutigen Verteidigungskampf. Versuchte er, seine Heimat zu verlassen, war der Ausgang für ihn und auch für das tibetische Volk völlig ungewiss. Es bestand aber vielleicht auch die Chance, aus dem Exil heraus den Freiheitskampf für sein

Land fortzusetzen. Am 17. März 1959 entschied er sich schließlich schweren Herzens, Tibet zu verlassen. Als Zeichen des Abschieds und seiner Hoffnung auf glückliche Wiederkehr hängte er eine tibetische Kata, einen weißen Glücksschal, über die Figur seiner persönlichen Schutzgottheit. Das junge Oberhaupt der Tibeter las ein letztes Mal in seinem Meditationsraum aus den Lehren des Buddha und hielt an der Stelle inne, an der von der Notwendigkeit von Zuversicht und Mut die Rede ist.

Flucht über die Berge des Himalaya

Der Dalai Lama legte sein Mönchsgewand ab, zog für ihn ungewohnte Hosen an und verließ gegen 22 Uhr im Schutz der Dunkelheit, unter der Plane eines Lastwagens versteckt, den Palast. Mit seiner Familie und engsten Vertrauten war ein Treffpunkt auf der anderen Seite des Flusses vereinbart worden. Tenzin Gyatso wusste nicht, ob er dieses «rettende Ufer» erreichen würde. Überall waren chinesische Soldaten. Der Gedanke, gefangen genommen zu werden, ängstigte ihn – auch für sein Land wäre dann alles verloren. Aber es ging alles gut. Ein Sandsturm war aufgezogen, dichte Staubwolken wirbelten durch die Stadt, und er konnte Lhasa unbemerkt verlassen. Er traf wie verabredet die übrigen Mitglieder der kleinen Gruppe, und sie machten sich eilig auf den Weg in die 5000 Meter hohen Berge zum Che-La-Pass. Sie waren nervös. Das Geklapper der Hufe ihrer Pferde und Maultiere schien ohrenbetäubend laut und weithin hörbar. Aber sie blieben unentdeckt.

Unterwegs stießen weitere Personen zur Gruppe der Flüchtenden, die von Khampa-Soldaten geschützt wurde. Im Gefolge des Dalai Lama befand sich auch seine Mutter, die mittlerweile siebzig Jahre alt war. Alle hatten Todesangst und bewegten sich Tag und Nacht mit so wenigen Pausen wie möglich vorwärts. Schneestürme zogen über die ohnehin eisigen Höhen des Himalaya, und die Flüchtenden froren erbärmlich, da sie keine Gelegenheit gehabt hatten, ausreichend warme Kleidung einzupacken.

Um die seelische Situation des Dalai Lama und seines Gefolges stand es ebenfalls schlimm. Sie hatten die Nachricht erhalten, dass die chinesische Armee das Feuer auf die Menschenmenge in Lhasa eröffnet hatte. Mehr als 80 000 Menschen wurden während der Niederschlagung des Aufstandes getötet und Tausende eingekerkert. Der Dalai Lama war fassungslos, da seine schlimmsten Befürchtungen eingetreten waren. Gleichzeitig wusste er, dass er diesen Verlauf nicht hätte abwenden können, wenn er in Lhasa geblieben wäre. Wahrscheinlich wäre er selbst getötet oder verhaftet worden.

Aufgrund des brutalen Vorgehens der Chinesen gegen das tibetische Volk fühlte er sich selbst auch nicht mehr an das im Jahr 1951 unterzeichnete 17-Punkte-Abkommen mit China gebunden, das Maßnahmen zur *friedlichen* Befreiung Tibets regelte. Bei einer Rast in Lhuntse Dzong widerrief er die Vereinbarung, und in einer kurz abgehaltenen Zeremonie wurde eine tibetische Exilregierung etabliert.

Die Gruppe der Flüchtenden befand sich zu diesem Zeitpunkt unweit der indischen Grenze. Der Dalai Lama hatte Abgesandte nach Indien geschickt, um die Erlaubnis zu erhalten, die Grenze zu überqueren. Als schließlich die gute Nachricht aus Indien eintraf, dass die Regierung bereit sei, den Dalai Lama aufzunehmen, war er am Rande seiner Belastbarkeit. Er hatte Fieber und war zu krank, um auf einem Pferd zu sitzen. Mitreisende Diener legten ihn auf ein Dzomo, ein zotteliges Lasttier mit einem breiten Rücken. Auf diesem bescheidenen Transportmittel überquerte er am 31. März 1959 beim Grenzposten Chutamghu die Grenze zu Indien. Es fiel dem Dalai Lama schwer, sein Land zu verlassen. Er machte sich Sorgen um alle Tibeter, die er zurücklassen musste. Er wusste, dass er wohl niemals dorthin zurückkehren würde. Sein Herz war voll Trauer –

und er hatte wieder einmal keine andere Wahl, als in eine ungewisse Zukunft zu gehen.

Die Neuigkeit von der geglückten Flucht des tibetischen Oberhauptes verbreitete sich schnell. Als Mao Zedong davon erfuhr, soll er gesagt haben: «Wir haben die Schlacht verloren.» Ob auch er zu diesem Zeitpunkt bereits ahnte, wie es mit dem Dalai Lama weiterging? Gegen die militärische Stärke der chinesischen Armee kamen die Tibeter nicht an, aber an innerer Stärke ist der Dalai Lama kaum zu schlagen.

Im indischen Exil

Der Dalai Lama wurde am 18. April 1959 offiziell in Indien willkommen geheißen. Die Bevölkerung brachte ihm große Sympathien entgegen. Menschenmengen säumten die Straßen, um ihm zuzuwinken und ein langes Leben zu wünschen. Die indische Regierung war von der Situation weniger begeistert. Premierminister Nehru beobachtete besorgt die Reaktion Chinas, da dort nicht der Eindruck entstehen sollte, dass Indien dem Dalai Lama politisches Asyl gewährte. Das hätte China als Verletzung des «Pancha-Shila-Abkommens» interpretiert, das die Beziehungen zwischen Indien und China regelte. Nehru machte dem Dalai Lama daher unmissverständlich klar, dass Indien nicht bereit sei, die tibetische Exilregierung anzuerkennen. Dabei ist es geblieben – die tibetische Exilregierung wird übrigens auch von keiner anderen Regierung der Welt offiziell bestätigt.

Die indische Regierung wies 1960 dem Dalai Lama den abgelegenen Ort Dharamsala als Zufluchtsort zu, das ist in Nordindien, im Vorgebirge des Himalaya. Dharamsala ist für seine schwierigen Lebensbedingungen bekannt, die Monsunregen sind hier besonders heftig. Außerdem bebt regelmäßig die Erde, so dass sich Inder hier nicht besonders gerne ansiedeln.

Als Unterkunft für den Dalai Lama hatte man den am Wald gelegenen

Swarg-Ashram im Ortsteil McLeod Ganj ausgewählt; dieses Gebiet wird heute auch als «Klein-Lhasa» bezeichnet, da hier inzwischen mehr als fünftausend Tibeter leben. Bei der Ankunft des Dalai Lama waren es nur einhundert. Auf der Hauptstraße, der Temple Road, prägen heute buddhistische Mönche und Pilger aus aller Welt das Bild. Dharamsala ist immer noch eine wichtige Anlaufstelle für tibetische Emigranten, insgesamt sind es bisher über hunderttausend. Viele tibetische Kinder werden von ihren Eltern allein oder mit Flüchtlingsgruppen hierhergeschickt, damit sie in Sicherheit aufwachsen und die tibetische Kultur ausüben können. Der Dalai Lama hat daher in Dharamsala mehrere Kinderheime einrichten lassen, um den Kindern ein Zuhause zu bieten. Die Fürsorge für tibetische Flüchtlinge bildet insgesamt einen großen Schwerpunkt seiner Tätigkeit.

«Im Großen und Ganzen sind wir in Dharamsala recht glücklich», sagt er. Das Gebäude, in dem er zurzeit lebt, steht auf einem Hügel, hat einen eigenen Garten und ist von Bäumen umgeben. Er erlebe auch viel Positives in Indien und auf seinen Reisen durch die Welt. «Im Exil in Indien traf ich viele wichtige Menschen, unter ihnen interessante Wissenschaftler. Ich erfuhr viel über andere Religionen. Außerdem konnte ich meine eigene Geschichte erzählen und weltweit teilen.»

Der Verlust seiner Heimat ist für ihn nach wie vor nur schwer erträglich. «Man sieht sein Land nur noch aus der Ferne, es ist besetzt, verwüstet, und dennoch erkennt man, dass es keineswegs verschwunden ist, dass es in einem selbst weiterlebt», beschreibt er seine Erfahrung. Er sei aber nur ein Flüchtling unter Millionen Flüchtlingen. «Das 20. Jahrhundert ist das Jahrhundert des Exils; noch kein Jahrhundert hat so viele Menschen entwurzelt. Man vergisst oft das freiwillige oder erzwungene Exil vieler Millionen Menschen: die Einwanderer auf Ellis Island, die unter Beobachtung gestellt werden, bevor man sie in die Vereinigten Staaten einlässt, die zwangsweise rekrutierten Kolonialsoldaten, die Boat People oder die ‹Gastarbeiter›, die man einst geholt hat und nun nicht mehr haben will.»

Ein nützliches Leben

Der Dalai Lama ist nun achtzig Jahre alt. Sein Lebensweg vom Bauernjungen zum Gottkönig Tibets, zum Flüchtling und dann zur weltweit verehrten Leitfigur gilt als eine der großen Geschichten unserer Zeit. Nachts träumt er manchmal, dass er hundertdreizehn Jahre alt werden wird. Auch seine Ärzte prognostizieren eine Lebenserwartung von mindestens hundert Jahren.

Der Dalai Lama ist als besonders bescheidener Mensch bekannt. Was sagt er selbst über sein bisheriges Leben? «Mein Leben war schwierig, aber auch ziemlich nützlich.»

> Ein Mann traf den Buddha und war von seiner außergewöhnlichen Ausstrahlung beeindruckt.
> Er wollte wissen, wen er vor sich hatte, und fragte:
> «Bist du Gott?» – «Nein.»
> «Ein Engel?» – «Nein.»
> «Ein Heiliger?» – «Nein.»
> «Was bist du dann?»
> Der Buddha antwortete: «Ich bin erwacht.»
>
> *Buddhistische Legende*

3. «MÖGEN ALLE WESEN GLÜCKLICH SEIN»
DIE GRUNDLAGEN DES BUDDHISMUS

«Wir wollen niemanden bekehren»

Der Dalai Lama ist das Oberhaupt der tibetischen Buddhisten; er gilt aber als geistiger Führer aller Buddhisten. Man muss nicht unbedingt Buddhist sein, um die Botschaft des Dalai Lama zu verstehen. Der Dalai Lama richtet sich, wie bereits Buddha, an alle Menschen, unabhängig von ihrem Geschlecht, ihrer sozialen Herkunft, Hautfarbe oder Nationalität. Es geht dem Dalai Lama bei seinen Vorträgen in westlichen Ländern auch gar nicht darum, seine Zuhörer zum Buddhismus zu bekehren. Er sagt: «Wir (gemeint sind Buddhisten) unternehmen nichts, um andere zu bekehren. Dieses Ziel ist uns fremd.» Das Oberhaupt der tibetischen Buddhisten ermutigt Angehörige anderer Glaubensrichtungen, die ihnen vertraute Religion zu praktizieren und allenfalls zusätzlich einige buddhistische Gedanken oder Übungen zu übernehmen.

Der Buddhismus hat zweifellos besonders wertvolle Antworten auf (nicht nur) ethische Fragen entwickelt, wie beispielsweise die nach einem guten Zusammenleben aller Menschen. Um diese leichter zu verstehen, sollen hier einige Grundgedanken und häufig verwendete Begriffe des buddhistischen Glaubens erläutert werden.

Religion der Freundlichkeit

Der buddhistische Glaube ist vor fast dreitausend Jahren in Indien entstanden. Mittlerweile gilt er als viertgrößte Weltreligion. Die meisten Buddhisten leben in asiatischen Ländern. Seit dem 20. Jahrhundert hat der Buddhismus auch in der westlichen Welt, beispielsweise in Deutschland und den USA, viele Anhänger gewonnen.

Das Wort «Buddhismus» bedeutet etwa «Erkenntnislehre». Um welche Erkenntnisse handelt es sich? Die Antwort auf diese Frage kann sehr einfach oder sehr kompliziert ausfallen. Es gibt viele heilige Texte im Buddhismus und unzählige Bücher darüber, wie die buddhistischen Schriften und Lehrreden zu verstehen sind. Ich möchte es hier lieber einfach ausdrücken, damit es alle, auch Nichtbuddhisten, verstehen können.

Dass dies möglich ist, hat Buddha vorgemacht, von dem wir gleich noch mehr erfahren werden. Ihm war es stets ein Anliegen, in besonders leicht verständlichen Worten zu sprechen. Ein siebenjähriges Kind sollte seinen Ausführungen folgen können. Glücklicherweise beherrscht der Dalai Lama diese Kunst fast ebenso gut wie Buddha selbst. Er kann die äußerst komplexe buddhistische Lehre in zwei eingängigen Sätzen zusammenfassen.

Der erste lautet: «Du musst anderen helfen.» Und der zweite: «Wenn du das nicht tust, solltest du anderen zumindest keinen Schaden zufügen.» Zur Erläuterung ergänzt der tibetische Weisheitslehrer: «Die zweite Lehre bildet die Grundlage der buddhistischen Ethik. Sie besteht darin aufzuhören, anderen zu schaden. Beide Lehren beruhen auf dem Gedanken der Liebe und des Mitgefühls.»

Noch anschaulicher fasst der Dalai Lama die Grundlagen seiner Religion so zusammen: «Der Tempel meiner Religion ist das Herz. Ihre Lehre ist Liebe und Mitgefühl. Ihre Moral lautet: Liebe und respektiere die anderen. Mein Lieblingsgebet ist dies: Solange der Raum besteht und solange es Lebewesen gibt, so lange will auch ich bleiben, um das Leiden der Welt zu beseitigen.»

Die zentrale Bedeutung von Liebe und Mitgefühl in der buddhistischen Lehre und Praxis folgt nicht zuletzt aus der außergewöhnlichen Lebensgeschichte des «Buddha». Der machte als junger Mann eine Reihe erstaunlicher Erfahrungen, die ihn schließlich auf einen Weg dauerhaften Glückes führten. Diesen Weg können seitdem alle Menschen beschreiten, die seinem Vorbild folgen. Hier ist seine Geschichte.

Prinz Siddharta: Im goldenen Käfig

Buddha kam in Nordindien als Prinz Siddharta Gautama aus dem Geschlecht der Shakya zur Welt. Sein genaues Geburtsdatum ist unbekannt; man nimmt aber an, dass er im April oder Mai 563 vor Christus geboren wurde. Siddhartas Geburtsort war ungewöhnlich und für einen Prinzen nicht standesgemäß. Er wurde in einem Wäldchen nahe Lumbini geboren, da seine Mutter nicht rechtzeitig ihr Elternhaus erreichte, wo sie eigentlich ihr Kind zur Welt bringen wollte. Siddhartas Start ins Leben blieb schwierig: Seine Mutter starb kurz nach der Geburt, und er wuchs mit einer Schwester seiner Mutter als Stiefmutter auf.

In materieller Hinsicht hätte Siddharta es im damaligen Indien kaum besser treffen können. Sein Vater Suddhodana war ein Raja (Fürst), besaß große Ländereien und war sehr wohlhabend. Siddharta wuchs im herrlichen Palast von Kapilavastu mit allen Annehmlichkeiten auf. Er wurde sehr verwöhnt. Der junge Prinz trug stets seidene Gewänder und war von Bediensteten umgeben, die einen weißen Schirm zum Schutz vor der Sonne über ihn hielten.

Das klingt märchenhaft schön – aber Siddharta war gefangen in einem goldenen Käfig. Sein Vater isolierte ihn von der Außenwelt. Dem Jungen war es strengstens untersagt, den Palast zu verlassen. Nichts sollte ihn von seinem vorgezeichneten Weg als Nachfolger des Fürsten abbringen. Siddhartas Vater war so besorgt, dass er eine Gruppe von Gärtnern beschäftigte, die nachts alle verwelkten Blüten entfernten. Der junge Prinz sollte keinen Anlass haben, betrübt zu sein. Daher wurden im Palast auch nur Bedienstete beschäftigt, die besonders schön und jung waren.

Der Fürstensohn erfüllte viele Jahre lang die Erwartungen seines Vaters, der sehr stolz auf ihn war. Siddharta entwickelte sich zu einem gut aussehenden, intelligenten und sportlichen jungen Mann. Mit sechzehn Jahren heiratete er, dem Wunsch seines Vaters folgend, Prinzessin Yasodhara. Die Ehe blieb lange kinderlos. Siddharta war fast dreißig, als das Paar den ersehnten Sohn bekam. Die beiden gaben ihm den Namen Rahula.

Während der langen Jahre des Wartens fühlte sich Siddharta immer unglücklicher. Sein Leben erschien ihm so aussichtslos. Irgendetwas musste geschehen! Und so kam ihm die Idee, sich über den Willen seines Vaters hinwegzusetzen und sich außerhalb des Palastes umzusehen. Mit Hilfe eines Kutschers unternahm er heimlich Ausfahrten in die Umgebung.

Welchen Sinn hat das alles?

Die Legende erzählt, dass der Prinz bei diesen Ausflügen erstmals kranke, alte, sterbende oder andere leidende Menschen sah. Diese Seite des Lebens hatte er in seiner behüteten Jugend nicht kennengelernt. Vom Leid wusste er nichts. Sein Leben hatte bis dahin nur aus Vergnügungen bestanden, die ihm nun völlig sinnlos erschienen. «Es gibt nichts auf der Erde, was von Dauer ist. Alles ist dem Gesetz der Vergänglichkeit unterworfen. Wenn ich einmal gestorben bin, wird all das, was mir jetzt lieb und teuer ist, nichts mehr zählen», sagte er sich.

Siddharta war ein mitfühlender und warmherziger junger Mann. Die Leiden der Menschen gingen ihm nahe; fast konnte er die körperlichen und seelischen Schmerzen der anderen wie seine eigenen spüren. Er war tief betroffen und kam zu der Erkenntnis: «Leben ist leidvoll.» Er begann nach Wegen zu suchen, wie er den leidenden Menschen helfen konnte. Je länger er darüber nachdachte, desto mehr Fragen hatte er: «Warum leiden Menschen überhaupt?», «Kann man selbst etwas tun, um das Leid zu vermeiden oder zumindest zu lindern?» und «Gibt es einen Weg zum Glück?» In seiner vertrauten Umgebung fand er keine Hinweise, und von seiner Familie war erst recht keine Hilfe zu erwarten. Wo konnte er Antworten auf seine Fragen finden?

Bei den Bettelmönchen

Eines Tages sah er einen Bettelmönch, einen Sadhu. Das sind heilige Männer, die in Indien von Dorf zu Dorf ziehen. Sie lehnen weltliche Dinge wie Besitz, Beruf und Familie ab und führen ein einfaches Leben voller Entsagung. Sie hoffen, durch diesen Verzicht zu spirituellen, zu geistigen Erkenntnissen zu gelangen. Siddharta war von der Ausstrahlung des Wandermönchs beeindruckt. Der Mann war einfach gekleidet und hielt ihm die übliche Almosenschale entgegen. Sein Blick war von besonderer Klarheit, und er schien Antworten auf Siddhartas Fragen zu haben. Der junge Prinz entschied sich, den Bettelmönchen zu folgen, um selbst weise zu werden und die Ursachen des Leidens herauszufinden. Er ließ Frau und Kind bei seiner Großfamilie zurück, verzichtete auf den Fürstentitel und schnitt sein Haar ab, das er als Merkmal seiner adeligen Abstammung besonders lang getragen hatte. Er zog in die «Hauslosigkeit» des mönchischen Lebens, dessen äußere Zeichen damals schon ein kahl rasierter Kopf und die Mönchsrobe waren. Ein «Hausloser» nimmt den Himmel und die Erde als Zuhause an und akzeptiert für seinen Lebensunterhalt Spenden von anderen Menschen.

Später schloss er sich einer Gruppe von Asketen an. Er lebte viele Jahre in den indischen Wäldern, übte sich in Yoga und asketischen Praktiken in der Hoffnung, dadurch zu religiösen Erkenntnissen zu gelangen. Er schlief auf einem Bett aus Dornen und hungerte, bis er nur noch aus Haut und Knochen bestand. Siddharta musste jedoch einsehen, dass lange Fastenzeiten und anderer Verzicht nicht zu den ersehnten Erkenntnissen führten. Er war körperlich sehr geschwächt und erkannte, dass die Askese ebenso ein Irrweg war wie sein vorheriges Leben im Luxus.

Es musste einen besseren oder mittleren Weg geben. Auf diesen Gedanken war er gekommen, als er hörte, wie ein Mann einem Jungen erklärte, die Laute zu spielen. «Wenn du die Saiten zu sehr spannst, reißen sie», sagte der Mann. «Sind sie zu locker, klingen die Töne dumpf. Nur wenn die Saiten richtig gespannt sind – nicht zu fest und nicht zu locker –, kannst du mit der Laute schöne Musik erzeugen.»

Siddharta brach sein Fasten ab und nahm zum ersten Mal seit langem wieder ausreichend Nahrung zu sich. Eine ganze Schale Reis. Seine Gefährten waren darüber empört und redeten auf ihn ein. Siddharta ließ sich jedoch nicht von seiner Entscheidung abbringen. Der Fünfunddreißigjährige verabschiedete sich von seinen Gefährten und setzte seine Suche allein fort.

Erleuchtung unter dem Pappelfeigenbaum
Was sollte er tun? Wo konnte er Antworten auf seine Fragen finden? Er erinnerte sich an einen Tag, den er am Rande eines Feldes im Schatten

eines Rosenapfelbaums verbracht hatte. Ohne es zu beabsichtigen, hatte er damals einen Zustand von Versunkenheit erlebt, der ungute Gefühle völlig in den Hintergrund treten ließ. Eine solche innere Schwerelosigkeit wollte er gerne nochmal erleben und suchte nach einem geeigneten Platz dafür. Diesen fand er schließlich nahe der heutigen Stadt Bodhgaya am Ufer eines Flusses. Er setzte sich mit gekreuzten Beinen, in aufrechter und entspannter Haltung unter einen großen Pappelfeigenbaum auf ein Kissen aus Kusa-Gras. Siddharta beschloss, dort sitzen zu bleiben, bis er eine Lösung für das Problem des menschlichen Leidens gefunden hatte. Der Wahrheitssucher besann sich auf sich selbst und richtete seinen Blick nach innen. Er konzentrierte sich und ließ sich nicht ablenken. Er reagierte weder auf das Zwitschern der Vögel in den Zweigen über seinem Kopf, noch nahm er den Wechsel von Tag und Nacht wahr. Die Hitze der Sonne oder der Regen, der seine Kleidung durchnässte, ließen ihn ebenfalls unberührt.

Während seiner Meditation stiegen belastende Gedanken und Gefühle wie Angst, Gier, Neid, Wut und Hass in ihm auf. Siddharta erkannte zunächst, dass es diese Gemütszustände waren, die Menschen leiden ließen. Es gelang ihm immer besser, sich zu konzentrieren, indem er seinen unangenehmen und auch seinen angenehmen Empfindungen keine Bedeutung beimaß und sie wie Wolken am Himmel oder Wasser in einem Fluss an sich vorüberziehen ließ. Dies hört sich einfach an, ist es aber nicht. Das können alle nachvollziehen, die schon mal für nur fünf Minuten versucht haben dazusitzen, ohne mit den Gedanken hierhin und dahin abzuschweifen.

Nach vielen Stunden und Tagen des immer tieferen In-sich-Versenkens erreichte Siddharta einen gleichzeitig wachen und gleichmütigen Zustand – einen Ort inneren Friedens. Sein Geist war «gesammelt, geläutert, gefügig, fest und ohne Wanken», erzählte er später den Mönchen von seiner Erfahrung. Seine Entwicklung in diesen Wochen unter dem Feigenbaum sei insgesamt die eines «Kükens gewesen, das zuerst mit seiner Krallenspitze oder mit dem Schnabel die Eierschale zerbricht und dann glücklich ans Licht kommt».

Siddharta setzte in mehreren Nachtwachen seinen neu gesammelten und geschärften Geist ein, um noch tiefere Antworten auf seine wichtigsten Fragen zu finden. Zunächst ging es ihm darum, Einblicke in seine früheren Leben zu erhalten. In Indien glaubte man damals wie auch heute noch an Wiedergeburt. Es gelang Siddharta, sich an viele Existenzen und Weltenalter zu erinnern. In der zweiten Nacht wandte er seinen Geist «in heißem Eifer» auf die großen Zusammenhänge des Lebens und Sterbens. Er erkannte, dass ausschließlich das Verhalten der Menschen ursächlich ist für die Umstände ihrer Wiedergeburt. Während der dritten Nacht konzentrierte er sich auf die Aufhebung des Leidens und erlangte die entscheidenden Einsichten. In ihm leuchteten die «vier edlen Wahrheiten» auf, die später das Gerüst seiner Lehre bildeten. Ein überwältigendes Glücksgefühl breitete sich in ihm aus, und er jubelte: «Ich bin erlöst!» Er erkannte, dass er sein Ziel verwirklicht hatte.

Diese spirituelle Erfahrung Siddhartas wird «Erleuchtung» genannt. Ein erleuchteter Mensch hat die Lebenswahrheit in vollem Umfang verstanden und wird daher auf Tibetisch als «Sangye» bezeichnet. Bei ihm oder ihr sind die Schleier der Illusion gelüftet *(Sang)* und alle dem Geist innewohnenden Eigenschaften voll entfaltet *(Gye)*. Erleuchtete befinden sich ständig in einem Zustand reiner Freude und umfassender Liebe. Wie eine strahlende Sonne wärmen solche Menschen alle anderen in ihrer Umgebung und machen sie auf die Möglichkeit der eigenen Erleuchtung aufmerksam. Siddharta wird seit seinem Erlebnis «Buddha» – der Erwachte – genannt. Der Pappelfeigenbaum gilt nun als heiliger Baum und wird als «Bodhi-Baum» (Baum der Erleuchtung) bezeichnet.

Buddha wird zum Lehrer

Nach seiner Erleuchtung hatte Buddha eine außergewöhnliche und Respekt einflößende Ausstrahlung, die anderen Menschen sofort auffiel. Im Park von Isipatana nahe Benares traf er auf seine ehemaligen Gefährten, die ihn baten, von seinen Einsichten zu berichten. Buddha lehnte dies zunächst ab. Er wusste nicht, wie er seine Erfahrung überhaupt in Worte fassen sollte. Die Asketen blieben hartnäckig, da sie auch den Weg der Erlösung entdecken wollten. Buddha hielt ihnen schließlich seine erste Lehrrede *(Sutta)*.

Seit jenem Tag unterwies er Männer und Frauen aus allen gesellschaftlichen Schichten im Weg zum Glück. Unter seinen Anhängern waren Könige und Brahmanen (Angehörige der indischen Priesterkaste), aber auch Bauern, Bettler und Unberührbare (Angehörige der untersten Kaste). Buddha erkannte das traditionelle indische Kastenwesen nicht an. Die Gemeinschaft seiner Schüler *(Sangha)* stand allen offen. Auch Buddhas Sohn Rahula stieß im Alter von zehn Jahren dazu und gelangte ebenfalls zur Erleuchtung.

Es sprach sich schnell herum, dass in Buddhas Nähe viele Menschen erleuchtet wurden. Seine Gemeinde wuchs daher ständig; schnell waren es mehr als 1200 Anhänger. Buddha gründete einen Mönchs- und einen Nonnenorden und gewann Laienanhänger. Er wurde zum bedeutendsten Redner seiner Zeit und zog bis zu seinem Tod mit achtzig Jahren lehrend durch Nordindien, meist umgeben von einer großen Gruppe mitreisender Schüler. Dies war damals in Indien üblich, da es keine Schulen oder Universitäten gab. Seine Lehre *(Dharma)* besteht aus 84 000 einzelnen Belehrungen, die heute in den 108 Büchern des *Kanjur* überliefert sind. Nach den Gründen für die unermüdliche Lehrtätigkeit gefragt, antwortete er: «Ich lehre, weil alle Wesen Glück erleben und Leid vermeiden wollen.» Die Lehrreden des Buddha wurden nach seinem Tod zunächst mündlich weitergegeben und ab dem ersten Jahrhundert unserer Zeitrechnung auch schriftlich aufgezeichnet.

Anleitung zum Glück:
Die vier edlen Wahrheiten und der achtfache Pfad

Buddha fasste seine entscheidenden Erkenntnisse in vier Sätzen zusammen, den vier edlen Wahrheiten. Diese beschreiben die Grundlage, den Weg und das Ziel der Befreiung und Erleuchtung:

1. Glück ist vergänglich, und Leid gehört zum Leben.

Ein Leben ohne Probleme gibt es nicht. Jeder von uns erlebt immer wieder Zeiten, in denen er traurig, schlecht gelaunt, krank oder sogar verzweifelt ist. Wir leiden, wenn wir Liebeskummer oder Schmerzen haben oder unsere Wünsche nicht in Erfüllung gehen. Alles hat zwei Seiten, das ist eine alte Weisheit. Auch unser Leben hat zwei Seiten – Freude und Leid.

2. Das Leiden entsteht, weil die Menschen mehr oder etwas anderes wollen, als sie haben.

Begierde, Hass und Unwissenheit sind die Wurzeln des Unglücks. «Unwissenheit» war für Buddha die Unfähigkeit des nicht erleuchteten Menschen, seine eigene Natur zu erkennen. Es ist wichtig zu wissen, was uns wirklich glücklich macht, und nicht auf Verblendungen hereinzufallen.

3. Das Leiden hört auf, wenn die Menschen dieses Begehren überwinden.

Jeder kann sich selbst aus seinem Leiden befreien. Man muss nur verstehen, dass das Leben sich immer wieder verändert, und man sollte vom ständigen Habenwollen ablassen. Es geht dabei nicht darum, völlig auf materielle Dinge und Annehmlichkeiten zu verzichten, sondern eine gesunde Distanz dazu einzunehmen. Menschen, denen das gelingt, haben eine größere Chance, glücklich zu sein. Für sie geht nicht gleich die Welt unter, wenn sie etwas nicht bekommen oder die Dinge nicht so laufen, wie sie sich das wünschen.

4. Es gibt einen Weg zum Glück: den achtfachen Pfad.
Es ist sinnvoll, den Verhaltensanweisungen des «achtfachen Pfades» zu folgen. So können unglücklich machende Gedanken und Handlungen vermieden werden.

Der achtfache Pfad bildet zusammen mit den vier edlen Wahrheiten den Kern der Lehre Buddhas. Er ist eine praktische Anleitung und nennt Methoden, mit deren Hilfe ein glückliches Leben erreicht werden kann. Symbolisiert wird der achtfache Pfad durch ein Rad mit acht Speichen, die für ethische Regeln oder andere Empfehlungen stehen. Die Regeln lassen sich in die Kategorien «Weisheit», «Ethik» und «Besinnung» einteilen und sollen gleichzeitig befolgt werden.

Jeder Leitsatz des achtfachen Pfades wird mit dem Wort «recht» eingeleitet, das «rechte» Verhalten ist angemessen, nicht einseitig und nicht ichbezogen. Buddha wünschte sich von seinen Anhängern, dass Sichtweise, Motive, Rede, Handeln, Lebensweise, Anstrengung, Achtsamkeit und Meditation «recht» sind. Aus diesen Regeln ergeben sich weitere Gebote wie, nicht zu töten und zu stehlen, kein sexuelles Fehlverhalten zu entwickeln, keine Drogen zu nehmen und seinen Lebensunterhalt auf redliche Weise zu verdienen. Für Mönche und Nonnen gibt es weitergehende Verhaltensanweisungen.

Die ethischen Regeln und Prinzipien Buddhas waren im damaligen Indien eine Sensation. Für viele Inder galt er als gefährlicher Rebell, da er das kritisierte, worauf damals das indische Gesellschaftssystem aufbaute: dass nämlich das einzelne Schicksal nahezu ausschließlich durch den gesellschaftlichen Stand vorbestimmt war. Die Vorstellung, dass jeder Mensch sein Glück selbst beeinflussen kann, war für viele zunächst völlig undenkbar.

Was können Menschen erreichen, die dem Weg und den Lebensregeln des Buddha folgen? «Auf diesem Weg erreichen wir Glück – das Glück des

Friedens, der Gelassenheit und der Kraft. Dies ist das Glück, das nicht zerbricht, wenn die Verhältnisse sich ändern, wenn andere Menschen uns enttäuschen, wenn wir nicht das bekommen, was wir gerade wollen. Dies ist das Glück, gegründet auf dem Wissen um unsere gegenseitige Verbundenheit und die Integrität unseres Handelns, das sich aus unseren tiefsten Werten nährt. Dieses Glück basiert auf einem Geist, der in sich selbst ruht», erläutert die amerikanische Meditationslehrerin Sharon Salzberg den positiven Zustand, den viele Menschen durch den buddhistischen Weg erzielen.

Religion ohne Gott

Buddha schwieg, wenn er nach der Existenz eines Gottes gefragt wurde. Seine Lehre enthält keine Ausführungen über Gott oder ein anderes allmächtiges Schöpferwesen. Der Buddhismus ist somit keine Religion im üblichen Sinne. Eine Rückbindung (das ist die Bedeutung des lateinischen Wortes *religio*) des Gläubigen an einen Gott ist nicht das Ziel der buddhistischen Lehre und Praxis.

Buddha lehrte, dass alle Menschen, Tiere, Pflanzen und auch nichtfühlenden Wesen und Gegenstände eine Einheit bilden wie Wellen eines Ozeans oder Maschen eines Tuches. Kein Lebewesen existiert unabhängig oder isoliert voneinander. Jeder ist Teil des Ganzen und gleichzeitig das Ganze selbst. Alle stehen in ständiger Beziehung zueinander und sind auf einer bestimmten Ebene des Bewusstseins miteinander verbunden.

Das bedeutet, dass jeder Einzelne den Zustand des Ganzen durch seine Gedanken und Handlungen beeinflussen kann. Buddhisten empfinden andere Menschen oder Lebewesen nicht als fremd oder von sich selbst getrennt. Sie sind überzeugt, dass sie sich selbst schaden, wenn sie anderen Lebewesen Leid zufügen. Daraus ergibt sich eine Verantwortung des Einzelnen für die Welt. Die meisten Buddhisten bemühen sich daher, sich so zu verhalten, dass es *allen* gut geht. Vom Ergebnis profitiert auch der Einzelne, der ja Teil des Ganzen ist.

Auch Buddha ist kein Gott. Das hat er selbst immer wieder betont. Buddhisten verehren ihn als einen erleuchteten Menschen, der der Menschheit wichtige und kostbare Einsichten über die menschliche Erfahrung vermittelte. Dafür bringen sie ihm großen Respekt und Dankbarkeit entgegen.

Gutes Karma, schlechtes Karma

Welche Konsequenzen hat die «Gottfreiheit» des Buddhismus für die Anhänger dieser Glaubensrichtung? Buddhisten müssen ihr Leben selbst in die Hand nehmen, da sie nicht mit der Hilfe eines Gottes oder eines anderen Erlösers rechnen können. Jeder ist sein eigener Herr und entscheidet über sein Schicksal. Die Sprichwörter «Jeder ist seines Glückes Schmied» oder «Wir ernten, was wir säen» beschreiben diesen Grundsatz von Ursache und Wirkung, der auch als *Karma* bezeichnet wird.

Nach diesem Grundsatz haben alle Gedanken, Handlungen und Worte unmittelbare Folgen – sogar über das jeweilige Leben hinaus. Da Buddhisten an Wiedergeburt glauben, sind sie davon überzeugt, dass die Umstände der nächsten Geburt von dem in diesem Leben erworbenen Karma abhängen. Gute oder «weiße» Handlungen führen zu gutem Karma und angenehmen Lebensumständen im nächsten Leben. Eigenschaften wie Güte, Einsicht und Bescheidenheit ziehen in der Regel gutes Karma nach sich. Schlechte oder «schwarze» Taten führen hingegen zu negativem Karma, dessen Folgen spätestens in einem der nächsten Leben ausgebadet werden müssen. Schlechtes Karma und die daraus resultierenden schwierigen Lebensumstände sind keine Bestrafung, sondern eine Folge, so wie ein Sonnenbrand nach einem zu ausgedehnten Sonnenbad. Nach dem Gesetz des abhängigen Entstehens existiert weder unverdientes Glück noch ungerechtfertigtes Leid.

Der Kreislauf der Wiedergeburten wird nur durchbrochen, wenn es einem Menschen gelingt, überhaupt kein Karma – gutes oder schlechtes – zu erzeugen. In diesem Fall ist es möglich, das Nirwana (Sanskrit für «Erlöschen») oder das «ewige Nichts» zu erreichen. Das Nirwana ist kein Paradies oder Himmel, sondern ein sogenannter «zustandsfreier» Zustand, in dem alle Wünsche, Be-gierden und Illusionen überwunden sind. Für Buddhisten gilt das Nirwana als höchste Daseinsform. Das Erlangen des Nirwana führt zur dauerhaften Beendigung des Leidens – das Ziel der Lehre Buddhas ist erreicht.

Mitgefühl – ein gutes Herz haben

Weisheit und Mitgefühl gelten im Buddhismus als zwei Flügel, mit denen man zur Erleuchtung fliegen kann. Für Buddha war Mitgefühl besonders wichtig. Auch für den Dalai Lama ist diese Herzensqualität von zentraler Bedeutung. Er sagt: «Kultivieren wir Liebe und Mitgefühl, die dem Leben wirklich einen Sinn zu geben vermögen. Alles andere ist nebensächlich.»

Siddharta empfand bereits als junger Mann so starkes Mitgefühl mit den leidenden Menschen vor dem Palasttor, dass er auf alle weltlichen Güter verzichtete, um Antworten auf die Frage zu finden, wie man das Leiden beenden könnte. Die von ihm bei seiner Erleuchtung gewonnenen Erkenntnisse ließen ihn den eingeschlagenen Weg des Mitgefühls mit noch größerer Entschlossenheit beschreiten. Im *Metta-Sutta*, seiner berühmten Belehrung über die große Bedeutung von Zuneigung und liebender Güte, heißt es: «Wie eine Mutter mit ihrem Leben ihr einziges Kind beschützt und behütet, so möge man für alle Wesen und die ganze Welt ein unbegrenzt gütiges Gemüt erwecken: ohne Hass, ohne Feindschaft, ohne Beschränkung nach oben, nach unten und nach allen Seiten.»

Der Dalai Lama ist für die Tibeter die Verkörperung des Bodhisattva Chenrezig, der für sein besonderes Mitgefühl bekannt ist. Auch Menschen, die diese Legende nicht kennen, halten ihn für die wandelnde Warmherzigkeit und Güte. Es berührt sie, dass er sogar für die chinesischen Besetzer seiner tibetischen Heimat Mitempfinden hat. Durch sein besonderes Vorbild zeigt er allen Menschen, wie man Mitgefühl auch in sehr schwierigen Lebenssituationen entwickeln und danach handeln kann. Mitgefühl entsteht, «wenn man gewahr ist, wie sehr die Menschen sich Glück wünschen und wie wenige wirklich glücklich sind», erklärt er seine enorme Fähigkeit, das Herz für andere zu öffnen. «Mitgefühl wächst in uns, wenn wir sehr wohl wissen, wie die Energie der Liebe um uns herum verfügbar ist, aber dann doch mit ansehen müssen, wie viele Menschen einsam sind. Mitgefühl entsteht, wenn man die Schönheit der kleinen purpurfarbenen Blumen wahrnimmt, die am Wegesrand wachsen, und gleichzeitig sieht, dass sie fast immer übersehen werden. Es entwickelt sich, wenn wir beobachten, wie viele weise, ältere Leute es unter uns gibt und wie sie unerkannt bleiben, nicht geschätzt werden.»

Als Praxis seines Mitgefühls versucht der Dalai Lama, *jeden* Menschen, den er trifft, wie einen guten Freund zu behandeln. Das ist für ihn keine ausschließlich spirituelle Übung oder «religiöser Luxus». Denn: «Es ist für das Leben auf diesem Planeten entscheidend, ob möglichst viele Menschen eine liebende Einstellung zu ihrer Umwelt entfalten können ... Wenn es der Menschheit nicht gelingt, diese umfassende Sicht der Liebe zu entfalten, dann weiß ich nicht, welche Zukunft uns erwarten soll.»

Zuflucht zu den drei Juwelen: Wie man Buddhist wird
Buddhist wird man durch freie Entscheidung. Die Zugehörigkeit zum buddhistischen Glauben folgt nicht aus den Umständen von Geburt, Rasse oder Nationalität; es gibt auch keine Weihe oder Taufe. Wer Bud-

dhist werden möchte, erklärt in einer formellen Zeremonie vor einem buddhistischen Lehrer, dass er sich für den buddhistischen Pfad entschieden und Buddha zu seinem Lehrer und Vorbild gewählt hat. Dieses Ritual wird als «Zufluchtnahme» bezeichnet, weil der Gläubige dabei den Schutz und Beistand der sogenannten drei Juwelen des Buddhismus erbittet: *Buddha*, *Dharma* (Lehre des Buddha) und *Sangha* (Gemeinschaft der Buddhisten). Der Dalai Lama weist darauf hin, dass man sich diese Entscheidung sehr sorgfältig überlegen soll. «Das ist eine folgenschwere Entscheidung, die ein ganzes Leben bestimmt, ja sogar mehrere Leben.»

Die Zufluchtsformel in der Fassung des tibetischen Buddhismus lautet:

> Bis ich selbst die Erleuchtung erlange,
>
> nehme ich meine Zuflucht zu Buddha,
>
> zur Lehre und zur höchsten Gemeinschaft.
>
> Möge ich durch das Verdienst, das ich sammele,
>
> indem ich das Geben und die Vollkommenheit übe,
>
> die Buddhaschaft erreichen,
>
> um den Lebewesen zu nützen.

Die Bedeutung dieser spirituellen Zuflucht für ihr persönliches Leben beschreibt die in den USA und in Deutschland bekannte buddhistische Nonne Ayya Khema so: «Die Zuflucht ist ein Hafen. Dort sind alle Wellen und alle Stürme zur Ruhe gekommen. Wir können Anker werfen.»

Buddhas letzte Worte

Buddha starb an einer Lebensmittelvergiftung und hatte vor seinem Tod die Gelegenheit, seine Mönche ein letztes Mal um sich zu versammeln. Er sagte zu ihnen: «Es könnte euch vielleicht der Gedanke kommen: ‹Der Lehrer, der uns das Wort verkündete, ist dahingegangen; wir können uns nun auf keinen Lehrer mehr berufen.› Aber so dürft ihr das nicht sehen. Die Lehre und die Regel, die ich euch aufgezeigt habe, die sind euer Lehrer nach meinem Ende.» Und Buddha fügte hinzu: «Wohlan ihr Mönche, hört jetzt, was ich euch noch zu sagen habe: Die Erscheinungen des Seins sind ihrem Wesen nach vergänglich. Rüstet euch und seid wachsam!» Das waren seine letzten Worte.

Was würde Buddha wohl zu unserer Zeit der globalen Veränderung und Verunsicherung sagen? Viele Menschen – nicht nur Buddhisten – sind der Meinung, dass seine Ethik der individuellen Befreiung und Fürsorge für andere im 21. Jahrhundert von besonderer Aktualität sind. Sie spüren, dass uns diese 2500 Jahre alte Lehre wichtige Antworten auf globale gesellschaftliche Fragen und zum Wohle aller Wesen geben kann.

ZWEITER TEIL

DER DALAI LAMA SPRICHT

Wir haben größere Häuser, aber kleinere Familien;
mehr Annehmlichkeiten, aber weniger Zeit.
Wir haben mehr Diplome, aber weniger Verstand;
mehr Wissen, aber weniger Urteilsvermögen;
eine bessere Medizin, aber eine schlechtere Gesundheit.
Wir sind den ganzen Weg bis zum Mond und wieder zurück gereist,
aber es fällt uns schwer, die Straße zu überqueren,
um unsere neuen Nachbarn zu begrüßen.
Wir haben bessere Computer entwickelt,
die immer mehr Informationen speichern können als je zuvor,
aber wir kommunizieren weniger.
Wir haben es weit gebracht in Sachen Quantität,
aber nicht weit bei der Qualität.
Es ist die Zeit von hastigem Essen, aber langsamer Verdauung;
die Zeit von großen Menschen mit kleinem Charakter;
die Zeit riesiger Gewinne, aber oberflächlicher Beziehungen.
Es ist eine Zeit, in der viel im Schaufenster liegt, aber nichts im Zimmer.

Dalai Lama

1. REDE DES DALAI LAMA AN DIE GENERATION DES 21. JAHRHUNDERTS

In den Veranstaltungen mit Kindern und Jugendlichen hält der Dalai Lama zunächst einen kurzen Vortrag, in dem er die Grundlagen seiner Sichtweise erläutert. Anschließend können die jungen Zuhörer Fragen stellen.

Junge Brüder und Schwestern,
Ich gehöre zur Generation des 20. Jahrhunderts, die sich langsam von der Erde verabschiedet. Ich bin jetzt ein alter Mann. So wie andere Menschen in meinem Alter habe ich viele der dramatischen Ereignisse miterlebt, die das 20. Jahrhundert geprägt haben, beispielsweise den Kalten Krieg und das Zusammenbrechen totalitärer Systeme. Aus Gründen, die ich nicht beeinflussen konnte, habe ich den größten Teil meines Erwachsenenlebens als staatenloser Flüchtling in Indien zugebracht, das seit über fünfzig Jahren meine zweite Heimat ist – es ist wohl kaum ein Gast länger in diesem Land geblieben. Seit Ende der 1960er Jahre bin ich viel in der Welt herumgekommen. Ich hatte die Gelegenheit und die Ehre, Menschen unterschiedlichster Herkunft kennenzulernen. Darunter waren Präsidenten und Premierminister, Könige und Königinnen, die Oberhäupter aller Weltreligionen, führende Wissenschaftler und unzählige Durchschnittsmenschen aus allen gesellschaftlichen Schichten. Ich freue mich immer besonders, wenn ich junge Menschen treffe, dann fühle ich mich selbst auch wieder ein bisschen jünger. Außerdem erfahre ich in den Dialogen mit Jugendlichen, was euch bewegt. Das ist mir sehr wichtig.

Ihr seid um die Jahrtausendwende oder danach geboren und gehört zur Generation des 21. Jahrhunderts – einer sehr wichtigen Generation. Ich würde sagen, dass man dieser Generation angehört, wenn man heute nicht älter als zwanzig ist; wer älter ist, gehört zur Generation des 20. Jahrhunderts. Ihr seid also eine junge Generation, die eine bessere Welt schaffen und diesem Planeten eine völlig neue Gestalt geben muss. Ihr seid unsere Zukunft und unsere große Chance für eine Gesellschaft, die Menschlichkeit lebt. Die Hoffnung der Welt liegt auf euren Schultern.

Ohne Menschen ginge es der Erde besser

Diese Welt und auch die menschliche Gesellschaft unterliegen ständigen Veränderungen. Man könnte auch sagen: «Change is future» – keine Zukunft ohne Veränderung. Zurzeit sind wir mit großen Herausforderungen konfrontiert, die unser Leben in absehbarer Zukunft bestimmen werden. Die Weltbevölkerung ist auf fast sieben Milliarden angewachsen. Gleichzeitig müssen wir erkennen, dass nur begrenzte natürliche Ressourcen zur Verfügung stehen. Falls die Bevölkerungsexplosion anhält, werden die natürlichen Ressourcen nicht für alle reichen. Das ist ein großes Problem. Die Aufnahmefähigkeit der Atmosphäre für Emissionen ist ebenfalls beschränkt. Wir verursachen insgesamt zu große Belastungen für das ökologische Gleichgewicht unseres Planeten, die zu schwerwiegenden Folgen führen wie beispielsweise dem Artensterben, dem Treibhauseffekt und in vielen Regionen zur Wasserknappheit. Ohne Menschen ginge es der Erde besser. Unsere gemeinsame Mutter Natur zeigt ihren Kindern immer deutlicher, dass ihr bald der Geduldsfaden reißt. Noch haben wir hoffentlich die Chance, uns zu ändern.

Wir müssen uns auch dringend mit der Kluft zwischen Arm und Reich befassen. Die ungleiche Verteilung von Reichtum und materiellen Gütern, die dazu führt, dass in der menschlichen Gemeinschaft einige Menschen in Hülle und Fülle leben, während andere hungern oder sogar den Hungertod sterben, ist nicht nur unmoralisch, sondern verursacht auch in praktischer Hinsicht große Probleme. Das Gleiche gilt für die Freiheit. Solange es in vielen Teilen der Welt keine Freiheit gibt, kann es für den Rest der Welt keinen wirklichen Frieden geben. Freiheit für nur einige wenige Menschen und nicht für alle ist auch keine wirkliche, sondern allenfalls eine relative Freiheit.

Das Leben im 21. Jahrhundert wird also nicht ohne Herausforderungen sein. Im Gegenteil. Wir alle teilen uns diesen Planeten und müssen lernen, in Harmonie und Frieden miteinander und auch mit der Natur zu leben. Das ist nicht nur ein Traum, sondern eine absolute Notwendigkeit.

Alle sind verantwortlich für unsere Zukunft

Es ist absehbar, dass Lösungen auf der globalen Ebene gefunden werden müssen. Unser persönliches Glück und Wohlbefinden sind zunehmend vom gesamten Weltgeschehen abhängig. Unser Überleben hängt entscheidend davon ab, dass sich alle für das Schicksal dieses Planeten und die Gemeinschaft aller Lebewesen verantwortlich fühlen und sich entsprechend verhalten. Das Bewusstsein für universelle Verantwortung ist die Basis des Weltfriedens, der gerechten Verteilung von Rohstoffen und der Erhaltung der Umwelt. Die ältere Generation, zu der ich auch gehöre, bereitet sich darauf vor, sich von dieser Welt zu verabschieden. Die Jugend muss die Verantwortung für die Zukunft übernehmen und erfüllen. Verhaltet euch anderen gegenüber offen, helft ihnen, kümmert euch um sie und entwickelt ein Bewusstsein von Zusammengehörigkeit trotz aller Unterschiede.

Sieben Milliarden Glückssucher

Sieben Milliarden Menschen, ganz zu schweigen von den unzähligen Tieren und Insekten – sie alle möchten glücklich sein. Keiner möchte in seinem Streben nach Glück behindert werden. Sämtliche Wesen sind sich darin fundamental gleich. Habe ich recht? Ihr wollt ein glückliches Leben haben? Das geht mir auch so. Als ich in eurem Alter war, da wollte ich manchmal überhaupt nicht lernen, sondern nur Freizeit oder Ferien haben. Wir können nur ein glückliches Jahrhundert erschaffen, wenn wir innere Werte entwickeln.

Kopf und Herz – beides ist wichtig

Das Ziel der Erziehung ist, dass wir diesen Wunsch, den wir alle gemeinsam haben – ein glückliches Leben zu führen –, verwirklichen können. Erziehung selbst ist nur ein Instrument dazu. Es liegt an uns, ob wir dieses Instrument – also das Wissen, das wir uns angeeignet haben – destruktiv einsetzen oder konstruktiv.

In der Menschheitsgeschichte hat sich gezeigt, dass diejenigen, die wirklich großes Unglück über die Menschen brachten – einige davon waren übrigens Deutsche –, durchaus einen brillanten Verstand hatten. Das zeigt, dass ein kluger Kopf immer durch ein mitfühlendes Herz ausgeglichen werden muss. Selbst für euer eigenes Wohlergehen ist ein gutes Herz sehr wichtig. Die Geschichte der Menschheit belegt, dass ein gutes Herz der Schlüssel zur Entwicklung dessen war, was die Welt als große Errungenschaften betrachtet, zum Beispiel auf dem Gebiet der Bürgerrechte, des Sozialen, der politischen Befreiung oder der Religion.

Ich möchte euch dazu gern etwas aus meiner eigenen Erfahrung erzählen. Mit sechzehn Jahren habe ich meine Freiheit verloren. Ich war vierundzwanzig, als ich mein Land verlassen musste, seitdem durfte ich nicht mehr zurückkehren. In den letzten fünfundfünfzig Jahren haben sich dort

viele Tragödien ereignet. In dieser langen, sehr schweren Zeit hat mir die Warmherzigkeit viel geholfen.

Auch in eurem Land, Deutschland, hat es viel Unglück gegeben. Nehmt nur den Zweiten Weltkrieg. Unsägliches Leid ist dadurch entstanden. Zum einen haben natürlich die Opfer des Krieges gelitten, aber auch die Deutschen selbst. Eure Städte waren zerstört, und die Menschen hatten in den Nachkriegsjahren nur sehr wenig zu essen. Es ist der deutschen Bevölkerung durch eine positive Einstellung und den Willen zur Zusammenarbeit gelungen, euer Land wieder aufzubauen. Natürlich hat auch die Unterstützung anderer Nationen beim Wiederaufbau geholfen. Entscheidend war aber die Bereitschaft jedes einzelnen Menschen, sich um andere zu kümmern und sich für den Aufbau des Landes zu engagieren.

Die Vergangenheit ist vorbei
Wir können die Erfahrungen aus der hinter uns liegenden Zeit nur in unserem Inneren bewahren und hoffentlich daraus lernen. Das 21. Jahrhundert hat gerade erst begonnen. Die Zukunft ist immer noch ein unbeschriebenes Blatt. Es ist wichtig zu begreifen, dass die Zukunft nicht etwas ist, das uns einfach passiert. Wir können sie gestalten. Frieden entsteht durch richtiges Handeln. Wir haben die Möglichkeit, eine andere Geisteshaltung beispielsweise bei Konflikten zu entwickeln. Das 20. Jahrhundert war ein Zeitalter des Blutvergießens und der Gewalt. Historiker gehen davon aus, dass während dieser Zeit mehr als 200 Millionen Menschen in Kriegen getötet wurden. Es gab zwei Weltkriege, den Vietnamkrieg, den Koreakrieg und unzählige Bürgerkriege, in denen sich sogar Menschen aus demselben Land bekämpften. Über 200 Millionen – das sind fast dreimal mehr Menschen, als zurzeit in Deutschland leben. Es waren Väter, Mütter und Kinder, deren Leben einfach ausgelöscht wurde. Die Gewalt des Krieges brachte unbeschreibliches Leid für alle

Menschen. Ein Krieg erzeugt nur Opfer. Die Menschen, die getötet werden, sind Opfer, und die Menschen, die zum Töten geschickt werden, sind in vielen Fällen ebenfalls Opfer.

Wir sind Geschwister

Nun zu den Visionen. Ich denke, durch die Entwicklung der Bevölkerung und der Technologie ist die Welt sehr viel kleiner geworden. Dass wir alle voneinander abhängig sind, kann man beispielsweise am Klimawandel oder an der Weltwirtschaft sehen. Ereignisse in abgelegenen Gebieten haben Auswirkungen, die bis ans andere Ende der Welt reichen.

Die Zeit ist gekommen, die Welt als eine Einheit zu begreifen. Wir müssen, um die sieben Milliarden Menschen als unsere Brüder und Schwestern anzusehen, ein Gefühl von Einheit entwickeln. Wir sind alle gleich und Mitglieder einer einzigen Familie – die Angelegenheiten der ganzen Welt sind zu inneren Angelegenheiten geworden. Natürlich sind durch die große Zahl von sieben Milliarden Menschen, die jetzt auf der Erde leben, auch neue Probleme entstanden. Einige haben mit Naturkatastrophen zu kämpfen, die nicht in allen Fällen durch menschliches Verhalten ausgelöst werden. Gewalt oder Krieg jedoch, gleich ob sie auf der Ebene der Familie oder der Gesellschaft auftreten, sind stets von uns Menschen selbst verursacht. Es gibt aber überhaupt keinen Grund, sich gegenseitig umzubringen.

Meinungsverschiedenheiten sind normal – Krieg und Gewalt nicht

Wir können nur eine bessere Zukunft haben, wenn wir verstärkt innere Werte entwickeln. Ein gesunder Geist ist die Grundlage dafür, dass wir in Familien und unter Freunden gut miteinander umgehen und es allen gut geht. Wir müssen lernen, anders mit Konflikten umzugehen. Als menschliche Wesen haben wir natürlich viele verschiedene Ansichten und Interessen, die einen Ausgangspunkt für Konflikte bilden können. Es ist normal, dass wir hin und wieder unterschiedlicher Meinung sind. Wenn wir mit solchen Schwierigkeiten fertigwerden müssen, sollten wir uns stets daran erinnern, dass wir alle Brüder und Schwestern sind. Wir alle sind Teil derselben menschlichen Familie und haben dasselbe Recht auf Menschsein und Menschlichkeit. Wir sind eins. Ihr könntet doch auch nicht eure Geschwister umbringen.

Es gibt einen besseren Weg

Wann immer es zu Differenzen kommt, die eine Quelle von Konflikten sein können, müssen wir diese auf menschliche Weise lösen – und das bedeutet, miteinander zu reden. Gewalt und Druck sind nicht die richtigen Mittel. Wir müssen einander zuhören, andere Ansichten und Interessen respektieren und bereit sein, Anteil an den Problemen anderer zu nehmen. Es ist immer besser, einen Dialog zu führen, als die Sache auf destruktive Weise anzugehen. Bei einem Dialog versuchen wir nicht, unsere Meinung rücksichtslos durchzusetzen, sondern wir kommen miteinander ins Gespräch. Wir hören dem anderen zu und respektieren seine Rechte und Meinungen. Auf diese Weise können wir aufeinander zugehen und möglichst einen gemeinsamen Kompromiss entwickeln. Das ist der einzige Weg. Dann kann dieses Jahrhundert auch ein Jahrhundert des Friedens sein.

Versöhnung – nach dem Streit wieder Freunde sein

Viele von euch zanken sich gelegentlich oder geraten in Streit, oder? Als ich selbst noch sehr jung war, so im Alter von etwa vier Jahren, habe ich auch ziemlich oft mit meinem zwei Jahre älteren Bruder gestritten. Dabei ging es manchmal ganz schön ruppig zu. Ich habe meine Fingernägel als Waffe benutzt und ihn heftig gekratzt. Aber immer wenn wir miteinander gekämpft haben, war es nach wenigen Minuten vorbei, und wir haben wieder miteinander gespielt. So etwas ist völlig normal – ein bisschen streiten, nach ein paar Minuten ist alles vergessen, und man spielt wieder zusammen.

Bei den Erwachsenen sieht das aber oft anders aus. Viele Menschen tragen Konflikte nicht offen aus, sondern vergraben ihren Zorn tief in sich – und wenn sich viele Jahre später eine Gelegenheit bietet, schlagen sie mit voller Härte zu. Das ist nicht normal und sehr schlecht. Unterschiedliche Ansichten gibt es immer, und etwas Ärger gehört zur Natur von uns Menschen dazu. Aber ich denke, es ist doch viel besser, ein wenig zu streiten, sich danach zu versöhnen und wieder freundlich miteinander umzugehen.

Jeder von uns ist nur ein Besucher auf diesem Planeten, ein Gast, dessen Aufenthaltsdauer beschränkt ist. Es wäre doch dumm, diese kurze Zeit einsam, unglücklich und im Streit mit unseren Mitmenschen zu verbringen. Es ist erheblich besser, sich mit anderen verbunden zu fühlen und sich für deren Wohl einzusetzen.

Ein universelles moralisches Prinzip

Wir können die globalen Probleme der Menschheit nur lösen, wenn wir grundlegende menschliche Werte entwickeln. Ältere Schüler haben meist schon ein eigenes Interesse daran entwickelt. Ich erkläre gerne nochmal eine besonders wichtige Regel der Ethik: «Wenn etwas kurzfristig vorteilhaft ist, aber nicht über längere Zeit, dann sollte man das vermeiden. Wenn etwas kurz- und langfristig gut für mich und auch für andere ist, dann sollte man alle Hürden überwinden und sich dafür engagieren.» Das ist ein universelles moralisches Prinzip.

Es kommt nicht auf die Religion an

Es ist nicht wichtig, ob jemand einer Religion angehört, an Gott glaubt oder auch nicht. In der heutigen Welt kommt es entscheidend darauf an, dass sich Menschen überhaupt nach ethischen Maßstäben verhalten.

Alle Religionen haben Vorstellungen davon, wie Menschen ihr Leben führen sollten. Mein Anliegen ist es aber, eine religionsunabhängige, weltliche Ethik zu vermitteln. Das ist eine Ethik, die frei von religiösen Einflüssen auf wissenschaftlichen Erkenntnissen und gesundem Menschenverstand beruht. Das bedeutet natürlich nicht, dass die weltliche Ethik über den Religionen steht – nein. Doch religiöse Werte können sich nur auf die Anhänger einer Religion beziehen, wohingegen eine universelle säkulare Ethik auf die gesamte Menschheit zutrifft und niemanden ausschließt. Nahezu alle Menschen können diese Werte akzeptieren. Letztlich finden sich in den großen Religionen ähnliche grundlegende Werte. Die Botschaften von Mitgefühl und Toleranz sind in allen Religionen zu finden. Es kommt nicht darauf an, ob wir Christen, Muslime, Juden, Buddhisten oder ohne Konfession sind. Von den sieben Milliarden Menschen sagen über eine Milliarde, dass sie keinem Glauben angehören. Jeder kann ein netter und freundlicher Mensch sein, auch wenn er nicht an Gott glaubt.

Denkt nach – auch über euch selbst

Die bisherige Menschheitsgeschichte ist eine Aufzeichnung dessen, wie sich negative und positive Gedanken der Menschen ausgewirkt haben. Wenn wir eine bessere und glücklichere Zukunft wollen, ist es jetzt an der Zeit, unsere geistige Verfassung unter die Lupe zu nehmen. Wir müssen überlegen, welche Lebensumstände in der Zukunft unsere gegenwärtigen Einstellungen hervorbringen werden. Es kann gar nicht genug betont werden, welche alles beherrschende Energie von negativen Einstellungen ausgeht.

Denkt selbst nach! Ethik hat auch viel mit Selbstdisziplin zu tun – und Selbstdisziplin erfordert Willenskraft und die innere Einstellung, sich mit den schädlichen oder mit den positiven Folgen seiner Handlungen auseinanderzusetzen. All das basiert auf einem guten Selbstbewusstsein. Dieses entwickelt ihr, wenn ihr ehrlich und gerecht seid. Das sind die Schlüsselfaktoren.

Have fun and be happy!

Natürlich könnt ihr Spaß haben, euch mit Freunden treffen und glücklich sein. Gleichzeitig solltet ihr die weltweiten Entwicklungen im Auge behalten. Es ist wichtig, dass ihr für die Zukunft gut vorbereitet seid.

Wie wir Schwierigkeiten überwinden können

Also nochmal zusammengefasst: Ausbildung und Lernen führt zu Wissen, da geht es um euren Verstand. Das ist natürlich sinnvoll. Innere Stärke entwickelt ihr aber durch Warmherzigkeit, Mitgefühl, Ehrlichkeit und Willenskraft. Seid freundlich zur Erde und zu allen Lebewesen. Mit dieser Kombination aus Wissen und inneren Werten können wir alle Schwierigkeiten überwinden. Das ist mein Wunsch für die Generation des 21. Jahrhunderts.

*

Botschaft angekommen

Jugendliche, die den Dalai Lama persönlich treffen dürfen, sind fast immer von seiner Botschaft begeistert. Einigen verhilft sie zu ganz erstaunlichen Erkenntnissen und Entschlüssen. Hier einige Aussagen von zwölf- bis siebzehnjährigen Schülerinnen und Schülern aus Deutschland und den USA:

Jonathan: Schlaue Menschen ohne gutes Herz sind überaus gefährlich.

Megan: Unsere Welt brennt. Verantwortlich sind diejenigen, die sich einfach zurücklehnen und nichts tun. Wir müssen uns dafür einsetzen, dass Mitgefühl in Mode kommt.

Dark: Seine Rede hat in mir den Wunsch geweckt, dass jeder auf jeden Rücksicht nimmt und jeden vor Schaden schützt.

Nicolas: Mir ist zum ersten Mal klar geworden, dass wir die Zukunft der Welt auf unseren Schultern tragen.

Passang: Es sollte an Schulen nicht nur wichtig sein, Schüler in Mathematik zu unterrichten, sondern sie auch zu einem mitfühlenden und gewaltfreien Umgang miteinander anzuleiten. Gewalt bedeutet für mich nicht nur Waffen oder Krieg. Auch Mobbing oder Tyrannei anderer Menschen ist Gewalt.

Christina: Wir müssen selbst darüber nachdenken, was wir erreichen wollen. Wir müssen bei uns selbst anfangen.

Nina: Man muss zusammenhalten und auf den inneren Frieden achten.

Tausende von Kerzen kann man am Licht einer einzigen Kerze anzünden, ohne dass deren Licht schwächer wird. Buddha

2. FRAGEN AN DEN DALAI LAMA
ZU INNEREN WERTEN UND EINEM GUTEN LEBEN

Schülerin: Wie können wir unser Leben am besten gestalten?
Aufgrund meiner langen Erfahrung und zahlreicher Gespräche, die ich mit führenden Wissenschaftlern, Denkern und Philosophen in der ganzen Welt geführt habe, bin ich zu dem Ergebnis gekommen, dass die Entwicklung eines «guten Herzens» sehr wichtig ist. Jemand, der ein gutes Herz hat, handelt aus dem Wunsch, anderen zu helfen. Die wirkliche Essenz des menschlichen Wesens ist die Güte. Es gibt noch andere Qualitäten, die sich aus der Erziehung, dem Wissen ergeben, aber wenn man wahrhaft ein menschliches Wesen werden und der eigenen Existenz einen Sinn geben will, dann ist es essenziell, ein gutes Herz zu haben.

Warmherzigen Menschen geht es körperlich und mental besser. Sie haben auch glücklichere Beziehungen zu anderen Menschen. Ärzte haben herausgefunden, dass ein ruhiger Geist und ein gesunder Körper unmittelbar zusammenhängen. Das körperliche Wohlbefinden hängt in großem Maß von Warmherzigkeit und Mitgefühl ab. Studien belegen, dass sich Stressreaktionen wie erhöhter Blutdruck oder Kopfschmerzen nach kurzer Zeit normalisieren, wenn die Menschen lernen, achtsam und mitfühlend mit sich selbst und anderen umzugehen.

Ich möchte euch ein Beispiel geben: Einige von euch haben schon mal einen Klaps von eurem Vater oder eurer Mutter erhalten, oder? Ich habe das auch erlebt. Mein Vater war ziemlich aufbrausend, und bei manchen Gelegenheiten habe ich eine Ohrfeige bekommen. Von meiner Mutter habe ich solche Bestrafungen nicht erhalten. Sie war warmherzig und liebevoll. Ich habe sie nie ärgerlich erlebt.

Wie fühlt ihr euch, wenn eure Eltern euch anlächeln und in den Arm nehmen? An solchen Tagen lernt ihr sicher auch in der Schule besser, da ihr euch viel glücklicher fühlt. An Tagen, an denen ihr von euren Eltern bestraft wurdet, seid ihr doch auch in der Schule weniger erfolgreich und interessiert, oder? Ihr seid unglücklich.

Es geht uns deutlich besser, wenn wir liebevoll und warmherzig miteinander umgehen.

Ich hatte vor kurzem in Deutschland ein Erlebnis, das zeigt, dass Warmherzigkeit und Freundlichkeit leider noch nicht für alle Menschen selbstverständlich sind. Ich war im Auto auf dem Weg zu einer Veranstaltung. Wie ihr vielleicht gesehen habt, als ich angekommen bin, grüße ich auf solchen Fahrten vorübergehende Passanten. Ich habe auch einer Frau zugewinkt, die vor meiner Limousine die Straße überqueren wollte. Sie hat nicht reagiert. Ich lächelte sie an. Sie guckte noch misstrauischer. Sie schien zu denken: «Es ist sehr seltsam, dass dieser Mann lächelt. Mit dem stimmt sicher etwas nicht.» Das ist schade, oder? Ihre Reaktion führte zu Distanz.

Freundschaft entsteht auf der Grundlage von Vertrauen, und Vertrauen folgt aus Offenheit. Zu dieser Offenheit sind wir nur bereit, wenn wir davon ausgehen, dass andere uns wohlwollend begegnen. Wir können daher nur in Harmonie zusammenleben, wenn unser Verhalten von Mitgefühl und Warmherzigkeit bestimmt wird. Dies gilt für alle Ebenen der menschlichen Gesellschaft – für Freunde, Familien, Kollegen, Dörfer, Städte, Länder und auch für die Weltgemeinschaft. Was wir jetzt brauchen, ist ein ganzheitliches Herangehen an die Probleme, mit einem echten Gefühl universeller Verantwortung auf der Grundlage von Liebe und Mitgefühl.

Schüler: Wie können wir lernen, warmherzig zu sein?
Wir lernen, warmherzig und freundlich zu sein, indem wir von anderen geliebt werden. Menschen sind soziale Wesen. Daher ist für uns zuallererst Mutterliebe und die Zuneigung der gesamten Familie wichtig. Es ist ungeheuer wichtig, echte Zuneigung zu erfahren. Das sieht man bereits daran, dass Babys nach der Geburt viel im Arm gehalten werden müssen, damit sich das Gehirn gut entwickelt. Die meisten Mütter machen das instinktiv richtig. Kinder, die in einer intakten Familie aufwachsen, in der sie Warmherzigkeit und Liebe erfahren, sind glücklich und entwickeln ein gutes Selbstbewusstsein.

Ich selbst bin ein gutes Beispiel. Ein großer Teil meiner heutigen Warmherzigkeit ist darauf zurückzuführen, dass meine Mutter sehr liebevoll mit mir umgegangen ist. Sie war einer der gütigsten Menschen, die ich je gekannt habe. Sie war sehr herzlich, und ich bin sicher, dass alle, die sie kannten, sie mochten. Zu mir war sie besonders freundlich. Ich war das jüngste Kind. Eine Mutter liebt natürlich alle ihre Kinder. Das jüngste Kind bekommt aber häufig noch etwas mehr Zuneigung und Liebe. Sie hat mich sehr verwöhnt. Daher war ich manchmal etwas ungezogen. Als Kleinkind durfte ich oft auf ihren Schultern sitzen, und sie trug mich durch die Gegend. Ich bestimmte die Richtung, indem ich sie am Ohr zog. Ziehen am rechten Ohr bedeutete «nach rechts», linkes Ohr «nach links». Wenn sie meinen Anweisungen nicht folgte, weinte ich und strampelte mit meinen Beinchen.

Wir haben Arme zum Umarmen, keine Klauen oder Krallen wie Raubtiere. Sogar Katzen haben schärfere Nägel als wir. Unsere Hände sind besser zum Streicheln als zum Schlagen geeignet. Das zeigt uns, dass wir grundsätzlich friedliche und keine aggressiven Lebewesen sind. Es entspricht unserer Natur, zusammenzuarbeiten und zu kooperieren.

Schülerin: Wie wird man glücklich?
Buddhas Lehren beschreiben einen Weg zum Glück. Wir müssen uns auch vor Augen halten, dass es keine Garantie für ein glückliches Leben oder überhaupt eine Zukunft gibt. Wir hoffen nur, dass es so ist. Es ist daher wichtig, die Hoffnung zu bewahren. Hoffnungslosigkeit ist ein echter Grund für Misserfolg. Wenn wir die Hoffnung verlieren, ist dies lebensverkürzend. Im schlimmsten Fall nimmt man sich sogar das Leben. Wenn der Wunsch nach Glück ausreichen würde, um es herbeizuführen, gäbe es keine Leiden, denn niemand sucht das Leid.

Schülerin: Welches ist der wichtigste Glücksfaktor?
Dazu fällt mir zunächst einmal folgende lustige Begebenheit ein. Junge Menschen scheint es besonders glücklich zu machen, in eine Diskothek zu gehen, Musik zu hören und zu tanzen. Ich war vor einiger Zeit in einem Hotel in Berlin. Gegenüber befand sich ein Nachtklub, der mit einer Lichtshow auf sich aufmerksam machte. Ich gehe sehr früh ins Bett, meistens gegen 19 Uhr, und um diese Zeit begannen auch die bunte Beleuchtung und die Musik. Als ich mich am nächsten Morgen gegen 3.30 Uhr zu meiner Meditation hinsetzte, war gegenüber immer noch viel los. Ich dachte: Die Menschen scheinen das wirklich zu genießen und dabei glücklich zu sein.

Aus meiner Sicht ist es für das Glück besonders wichtig, zusätzlich darauf zu achten, was unseren inneren Frieden gefährdet.

Schülerin: Was ist innerer Frieden, und wie können wir ihn erreichen?
Unter innerem Frieden versteht man, dass es uns gelingt, trotz Tragödien

oder Problemen, die gerade passieren, einen ruhigen Geist zu bewahren. Wenn man nicht psychisch gestört ist, ist es ganz normal, gelassen und entspannt zu sein. Das ist auch bei Tieren so. Wir brauchen schon die menschliche Intelligenz und müssen uns darin üben, auch in schwierigen Phasen einen ruhigen Geist zu bewahren. Das geht nur mit Selbstvertrauen und mit einem guten Herzen.

Ein gutes Herz können wir entwickeln, wenn wir uns auch um das Wohlergehen anderer Menschen kümmern. Es geht darum, echte Sorge für andere zu empfinden, für die Gemeinschaft, in der man lebt. Dann ist es möglich, ein Leben in Wahrhaftigkeit zu führen und Selbstvertrauen zu entwickeln. Auch ist man nicht mehr so empfindlich, wenn andere einen kritisieren. Man kümmert sich sogar um das Wohlergehen der Menschen, die einem Probleme bereiten. Dafür muss man lernen, zwischen dem Handelnden und den Handlungen der Person zu unterscheiden. Manchmal muss man Handlungen kritisieren oder etwas dagegen unternehmen. Der andere ist trotzdem ein menschliches Wesen – ein Bruder oder eine Schwester von uns –, und wir möchten, dass es ihm oder ihr gut geht. Das ist der Unterschied zu Tieren. Die Menschen können diese Unterscheidung treffen. Tiere können das nicht.

Davon abgesehen passiert mir das auch ab und zu, dass ich die Geduld verliere oder wütend werde. In Dharamsala füttere ich beispielsweise gerne in meinem Garten die Vögel. Ab und zu kommt es vor, dass ein Falke einen kleinen Vogel tötet. Ich werde dann so wütend, dass ich manchmal zu einem Luftgewehr greife und schieße. Nein, keine Sorge. Ich bringe die Falken nicht um. Ich erschrecke sie nur, um ihnen eine Lektion zu erteilen.

Wenn ich eine traurige oder schlechte Nachricht erhalte, bin ich auch eine Zeitlang traurig. Das ist menschlich. Insgesamt habe ich aber durch viele Jahre Training und Meditation einen friedvollen Geist. Ich weiß, wie die Emotionen entstehen. Ich erkenne sie früh und weiß, wie sie zusammenhängen. Es ist wie eine Wissenschaft. Ich weiß, wann eine Emotion, beispielsweise Wut, in mir hochsteigt und wozu das führt. Das ist eine Wissenschaft, die wir entwickeln können. Und langfristig führt das zu innerem Frieden.

Schüler: Wie schaffen Sie es, in schwierigen Situationen Mitgefühl statt Wut zu empfinden?
Ich rufe mir in Erinnerung, dass auch eine Person, die wütend auf mich ist, immer noch ein menschliches Wesen ist. Es gibt verschiedene Gründe, warum jemand auf mich wütend sein kann – aber Wut ist nie von Anfang an da. Wenn wir uns vom wütenden Gesichtsausdruck des anderen Menschen anstecken lassen und auch so reagieren, wird die Wut nie ein Ende haben.

Auch unter schwierigen Umständen versuche ich stets, ehrlich, mitfühlend und wahrhaftig zu sein. Es gibt immer eine reale Möglichkeit, solche Situationen zum Besseren zu verändern. Wir müssen nur unseren gesunden Menschenverstand einsetzen.

Ich stamme aus einer Gegend Tibets, in der die Menschen für ihre aufbrausende Art bekannt sind. Als junger Mensch wurde ich auch gelegentlich wütend. Mittlerweile ist mein inneres Gleichgewicht viel stabiler. Manchmal rege ich mich noch auf, beruhige mich aber schnell wieder. Wenn in mir die Wut hochkommt, mache ich mir klar, dass dieses Gefühl mir überhaupt nicht dabei hilft, Probleme zu lösen. Im Gegenteil, meistens nehmen sie noch zu. Wenn man wütend ist, kann man nicht gut denken. Ich habe erfahren, dass negative Gefühle wenig hilfreich sind. Wir können die Folgen unserer Handlungen nicht gut einschätzen, wenn wir starken Gefühlen ausgesetzt sind. In der Regel verhalten wir uns in einem solchen Zustand nicht besonders klug. Im wütenden

Zustand geht dem Menschen seine Intelligenz verloren. Wenn wir frei von Wut sind, können wir eine Situation besser analysieren. Es ist für unsere Intelligenz förderlicher, wenn wir lachen und Freude haben. Wenn Leute lachen, sind sie eher fähig zu denken.

Ich habe es bereits gesagt: Redet ohne Wut miteinander. Miteinander zu reden und dem anderen Menschen die Hand entgegenzustrecken, ist immer die beste Lösung. Im Zorn benutzen wir hingegen schnell verletzende Worte, die wir oft bereuen, wenn die Wut verflogen ist.

Nehmt es mal wie ein wissenschaftliches Experiment: Beobachtet die Erfahrungen, die ihr jeden Tag macht. So könnt ihr etwas über die Auswirkungen von Wut einerseits und von Liebe und Mitgefühl andererseits erfahren. Auf diese Weise werdet ihr ein tieferes Verständnis für die negativen Folgen der Wut und die positiven Auswirkungen des Mitgefühls entwickeln.

Hilfreich ist es auch, sich daran zu erinnern, dass wir durch Probleme und schwierige Erfahrungen lernen können. Wir können sogar von unseren Feinden lernen. Ich habe durch schwierige Erfahrungen und feindlich gesinnte Menschen, wie beispielsweise die chinesischen Besatzer meiner Heimat, besonders viel gelernt – vor allem Geduld. Die Tibeter wären die Verlierer, wenn sie mit Hass reagieren würden. Darum beweisen wir viel Geduld. Das hindert uns aber nicht daran, uns mit Bestimmtheit gegen die Ungerechtigkeit der Unterdrückung zu wehren.

Schülerin: Ich komme aus Polen. Wie kann ich mich in Deutschland zuhause fühlen?
Ich bin auch heimatlos. Ich musste 1959 mein Land verlassen. Es war am 17. März 1959 um 22 Uhr, und ich wusste nicht, ob ich den nächsten Morgen erleben würde. Seitdem konnte ich nicht mehr nach Tibet zurückkehren. Ein tibetisches Sprichwort hilft mir, wenn ich traurig über die Situa-

tion bin. Es lautet: «Wo immer du glücklich bist, dort ist deine Heimat. Wo immer man dich liebt, das sind deine Eltern.» Ich betrachte mich als Weltbürger. Ich bin überall zuhause, wo man mich anlächelt.

Schülerin: Warum ist es für Sie wichtig, mit jungen Menschen über das Thema «Mitgefühl» zu sprechen?
Das ist ganz einfach. Die Zeit vergeht sehr schnell. Die Vergangenheit ist vorbei. Wie die Zukunft verläuft, haben wir einigermaßen in der Hand. Jede menschliche Handlung sollte zu etwas Gutem führen. Leider ist das oft nicht der Fall. Das liegt an einer gewissen Ignoranz und an einer falschen Perspektive. Deshalb hoffe ich, dass eine mitfühlende junge Generation mit einem weiteren Horizont und umfassenderen Wissen über die Wirklichkeit anders handeln wird. Sie wird größeren Respekt vor ihren Mitmenschen und allen anderen Wesen haben. Meine Generation hat viele Probleme auf diesem Planeten verursacht und gibt nun die Verantwortung an eure Generation ab. Das ist der erste Grund.

Der zweite Grund ist, dass ihr euch geistig und körperlich noch entwickelt. Ihr seid also in jeglicher Hinsicht frisch. Fast alle Probleme, vor denen wir stehen, sind von uns Menschen verursacht. Natürlich möchte niemand, dass die Probleme noch weiter anwachsen. Leider passiert genau das. Wie ich vorhin schon sagte, fehlt vielen Menschen die weitere Perspektive, und wir vergrößern unsere Probleme – häufig sogar sehenden Auges. Mein Gefühl ist – und ich mag damit falsch liegen –, dass die jüngere Generation besser nachdenken muss. Die ältere Generation ist in ihrer Denkweise festgefahren. Mit diesem altmodischen Denken gehen sie an die Probleme heran. Die Realität hat sich aber verändert. Sie ändert sich manchmal von Moment zu Moment, spätestens aber alle zehn Jahre. Der jüngeren Generation fällt es leichter, die Realität aus einer neuen Perspektive zu betrachten. Sie hat in der Regel auch eine ganzheitlichere Betrachtungsweise. Es ist natürlich auch viel angenehmer, in junge Gesichter zu schauen als immer nur in alte.

Schülerin: Wie können wir einen besseren Umgang mit Gefühlen lernen?
Ich mache mir zurzeit viele Gedanken darüber, wie an Schulen nicht nur materielle, sondern auch innere Werte des Geistes und der Emotionen unterrichtet werden können. Das heutige Bildungssystem vermittelt vor allem materielles Wissen und kümmert sich um die Entwicklung der intellektuellen Fähigkeiten des Gehirns. «Herzensbildung» findet nicht statt. Wenn wir zum Beispiel an das Thema «Hygiene» denken, werden Schüler nur darin unterwiesen, wie sie ihren Körper gesund erhalten können. Emotionale und geistige Hygiene wird nicht unterrichtet.

Ich bin sicher, dass ihr euch regelmäßig die Hände wascht, um Bakterien zu entfernen und euch vor Ansteckung zu schützen. Reinigt ihr auch euer Herz von störenden Gefühlen wie Neid, Ärger und Angst? Es ist wichtig, dass wir den Zustand unserer Gefühle und unseres Geistes regelmäßig erkunden und so etwas wie eine Landkarte unserer Emotionen erstellen. Ich mache das durch Meditation. Dabei konzentrieren wir uns auf unsere innere Welt und lernen uns selbst besser kennen. Die meisten Menschen meditieren mit geschlossenen Augen. Dann können sie ihre Gedanken und Gefühle besser wahrnehmen. Es gibt aber auch andere Methoden, die helfen, mit belastenden Emotionen besser umzugehen. Werden wir beispielsweise arrogant oder selbstgefällig, so besteht das Gegenmittel darin, sich seiner eigenen Probleme und Leiden bewusst zu werden, um auf den Boden der Tatsachen zurückzukehren. Fühlen wir uns jedoch überwältigt, mutlos, hilflos oder depressiv, ist es wichtig, an unsere positiven Eigenschaften oder Erfolge zu denken, damit es uns wieder besser geht.

Schüler: Woran liegt es, dass sich Menschen immer wieder unethisch verhalten, obwohl sie es eigentlich besser wissen?
Unsere negativen Gefühle wie Wut und Neid kommen uns immer wieder dazwischen und durchkreuzen unser Bemühen um Ethik und Moral. Daher ist es wichtig, dass wir unseren Geist trainieren.

Schüler: Welche Welt ist wichtiger, die innere oder die äußere?
Ich halte beide Welten für sehr wichtig. Menschen brauchen bestimmte Bedingungen in der äußeren Welt, um zu überleben. Wir benötigen Nahrung, einen Platz zum Schlafen und Kleidung. Auch Liebe und Zuneigung sind für uns wichtig. Wir sind soziale Wesen und können nicht gut alleine leben. Um glückliche und zufriedenstellende Lebensumstände in der äußeren Welt zu erreichen, musst du diese zunächst in dir selbst herstellen. Du fühlst dich besser und kannst mehr erreichen, wenn du innerlich ruhig bist. Ich bin überzeugt davon, dass ein gutes Herz, Mitgefühl und Liebe die Quelle des Glücks sind. Mit diesen Eigenschaften erlangen wir inneren Frieden.

Das Gleiche gilt für den Frieden um uns herum. Wir können niemals Frieden in der Welt finden, wenn wir die innere Welt vernachlässigen und mit uns selbst keinen Frieden schließen. Wenn du ständig belastende Gefühle wie Wut, Angst oder Ärger in dir verspürst, kannst du nur wenig zum Frieden in der äußeren Welt beitragen. Der Friede auf der Welt ergibt sich aus dem Frieden in den Individuen. Wer auf natürliche Weise gelassen ist, im Frieden mit sich selbst, wird ein für seine Mitmenschen offener Mensch sein. Und genau hier findet sich das Fundament für den Weltfrieden. Der Frieden, den wir uns wünschen, ist nur möglich, wenn die Mehrheit der Menschen innerlich friedlich ist.

3. FRAGEN ZU FRIEDEN UND GERECHTIGKEIT

Schüler: Was mache ich, wenn ich mit Worten oder körperlich angegriffen werde?

Das hängt von der Situation und den Umständen ab. Du musst abschätzen, wie wahrscheinlich es ist, dass du dich erfolgreich verteidigen kannst. Wenn du eine gute Chance dafür siehst, dann verteidige dich; sonst lauf weg und bring dich in Sicherheit. Das ist manchmal klüger. Im Norbulingka, dem Sommerpalast in Lhasa, gab es einen großen Hund, der gewöhnlich in der Nähe des Gebetsraumes angebunden war. An einem Tag, als ich auf dem Weg zum Gebet war, hatte man vergessen, den Hund anzubinden, und er kam knurrend auf mich zu. Da es ein großer und gefährlicher Hund war, rannte ich vor ihm weg, so schnell ich konnte. Am nächsten Tag zog mich mein Lehrer, der die Szene beobachtet hatte, damit auf. Er sagte: «Ich wusste gar nicht, dass du so schnell laufen kannst.»

Schülerin: Ich wünsche mir, dass es Frieden gibt. Was können wir als Schüler tun?

Ich sage immer, dass das Potenzial für Konflikte stets vorhanden ist. Solange es uns Menschen gibt, wird es auch unterschiedliche Interessen und Ansichten geben. Wir neigen zu einer selbstbezogenen Sichtweise. Genau darin liegt die Quelle für Konflikte.

Ihr müsst die Vision einer friedlichen Welt entwickeln und euch entsprechend verhalten. Ihr könnt in einer friedlichen Welt voller Mitgefühl leben. Das ist eure Verantwortung. Ihr seid die Generation des 21. Jahrhunderts.

Auch in eurem persönlichen Umfeld könnt ihr viel für den Frieden tun. Friede bedeutet nicht nur die Abwesenheit von Unruhen oder Gewalt. Falls ein Konflikt beispielsweise in der Familie oder im Freundeskreis aufkommt, ihr jedoch ganz bewusst Gewalt vermeidet und euch für eine friedliche Lösung einsetzt, dann entsteht echter Friede.

Probleme und Kriege werden von Menschen und nicht von Gott, Allah oder Buddha verursacht. Wir dürfen entscheidende Änderungen nicht nur von anderen, vom Himmel oder durch bloße Meditation erwarten. Das ist unrealistisch. Natürlich ist Beten nicht sinnlos, und es hat auch begrenzte Wirkungen. Aber Frieden fällt nicht vom Himmel. Die Hauptanstrengung muss aus uns und von uns selbst kommen. Wir müssen für den Frieden etwas tun und an friedlichen Lösungen arbeiten. Der richtige Umgang mit Konflikten besteht darin, einen Dialog zu führen, und nicht, Gewalt auszuüben.

Schüler: Warum lassen wir zu, dass Menschen an Hunger sterben?
Das liegt daran, dass sich viele Menschen nicht von dem betroffen fühlen, was anderen zustößt. Wir sind zu selbstbezogen und interessieren uns nicht ausreichend für andere Menschen. Die Situation, die du beschreibst, ist vergleichbar damit, dass jemand vor unseren Augen einen Herzinfarkt bekommt und wir einfach vorbeigehen. Das ist furchtbar. Selbst Tiere zeigen mehr Anteilnahme, wenn es einem anderen Tier schlecht geht.

Schüler: Gibt es ein System für die faire Verteilung von weltweitem Wohlstand?
Das Ganze muss in ein Gleichgewicht gebracht werden. Sieben Milliarden Menschen können als Weltgemeinschaft nur glücklich sein, wenn auch die Individuen glücklich sind. Wir müssen sowohl das Ganze als auch die

sieben Milliarden in Betracht ziehen. Nur wenn der Einzelne glücklich ist, können auch alle zusammen glücklich sein. Das sind nicht zwei getrennte Dinge – der Einzelne und das Ganze.

Ich glaube, dass wir immer mit dem Einzelnen beginnen müssen, um die Gesamtheit der Weltbevölkerung glücklich zu machen. Jeder muss bei sich selbst anfangen. Das beginnt mit der Geisteshaltung. Wenn ich einen ruhigen Geist habe, kann ich mir eine harmonische Familie schaffen. Aus hundert solcher Familien kann eine friedliche Gemeinschaft entstehen. Das setzt sich auf anderen Ebenen fort – bis zur globalen Ebene. So kann es gehen. Das sind keine getrennten Sachverhalte.

In unserer Gesellschaft wird manchmal das Individuum zu sehr in den Vordergrund gestellt. Man darf Individuen andererseits nicht so stark einschränken, dass ihre Kreativität keinen Ansporn mehr hat. Ein Wirtschaftssystem, in dem es aber nur um individuellen Gewinn geht, ist keine faire Lösung. Was ökonomische Systeme oder Theorien angeht, bin ich daher eher ein Linker oder Sozialist. Es kommt aber gar nicht darauf an, ob jemand politisch «rechts» oder «links» ist. Wir sind Menschen und haben ein gemeinsames Interesse daran, ein Wirtschaftssystem zu entwickeln, das für alle passt.

Es gibt viele Länder wie beispielsweise die USA, in denen es große Unterschiede zwischen Reich und Arm gibt. Diese Unterschiede sind eine Quelle für große gesellschaftliche Probleme. Das zeigt, dass moralische Werte auch in der Wirtschaft wichtig sind.

Schülerin: Was ist Ihre Position zum Konflikt in Syrien?
Das ist sehr traurig. Was kann man da tun? Angesichts solcher Ereignisse sind wir wirklich hilflos. Wenn selbst die großen Nationen oder auch die Vereinten Nationen nichts tun können, dann kann man da auch wenig tun.

Meine Analyse ist, dass wir jetzt die Folgen von Fehlern der Vergangenheit sehen. Hätte es im letzten Jahrhundert eine Demilitarisierung gegeben und einen Dialog zwischen den Nationen, dann würden jetzt nicht mehr so viele Waffen produziert. Auch Deutschland ist ein großer Waffenproduzent.

Insofern haben wir auch unseren Anteil an der Syrienkrise. Wie wäre eine Welt ohne Waffen, wenn die Fabriken statt Panzern Bulldozer und Lastwagen produzieren würden? Wenn die intelligenten Menschen, die eine gute Erziehung genossen haben, diese Intelligenz einsetzten, um friedvolle Lösungen zu finden? Wenn das weltweit enorme Budget nicht für Waffen, sondern für die Lösung sozialer Probleme eingesetzt würde? In Indien gibt es beispielsweise viele arme Menschen, ebenso in China. Beide Länder haben große Waffenbudgets. Warum kann man dieses Geld nicht für Erziehung, Gesundheit, für die Infrastruktur benutzen oder um armen Bauern zu helfen? Keiner will Krieg, und gleichzeitig geben wir sehr viel Geld aus, um Kriege zu führen. Das ist doch Geldverschwendung, oder?

Als damals die Probleme mit Osama bin Laden anfingen und es zu den tragischen Ereignissen am 11. September 2001 kam, habe ich mit meinem guten Freund Präsident Bush gesprochen. Ich drückte mein Mitgefühl und meine Trauer über die Geschehnisse aus. Ich sagte ihm auch, dass ich hoffe, dass er dieses Problem auf eine gewaltfreie Weise löst. Ich kenne George Bush gut und schätze ihn auf der menschlichen Ebene sehr. Er ist ein wunderbarer Mensch. Seine Politik hat jedoch einige Probleme verursacht. Das ist schade. Ich habe ihn darauf hingewiesen, dass es sehr wichtig sei, mit diesem Problem vorausschauend und weise umzugehen. Andernfalls sei zu befürchten, dass aus einem bin Laden innerhalb kurzer Zeit zehn, hundert oder tausend bin Ladens oder andere Terroristen werden. Solche Probleme können nur mit gegenseitigem Respekt und der Bereitschaft zur Versöhnung durch Dialog gelöst werden. Das ist der einzige Weg.

Ich war wirklich von Herzen betroffen, als der Irakkrieg anfing. Um das zu verhindern, habe ich vorher vorgeschlagen, dass ein Friedensnobelpreisträger, renommierter Wissenschaftler oder anderer weiser Mensch – jedenfalls kein Regierungsvertreter – nach Bagdad reisen sollte. Er oder sie hätte dort mit den Beteiligten Gespräche und Beratungen führen können. Meiner Ansicht nach hätte der Irakkrieg so vermieden werden können. Ich habe das ernsthaft diskutiert und bei einer Vielzahl von Gelegenheiten, beispielsweise bei Treffen mit anderen Friedensnobelpreisträgern, angesprochen. Leider ist es nicht dazu gekommen. Ich bin überzeugt davon, dass sich Friedensnobelpreisträger aktiv einbringen sollten. Dieser Preis sollte nicht nur eine Auszeichnung für vergangene Verdienste sein. Damit ist auch die Verantwortung verbunden, in anbahnenden Krisen und Konflikten einen Beitrag zur Verständigung zu leisten. Wir sollten es zumindest versuchen. Falls wir damit scheitern, haben wir nichts verloren.

Damals hatten einige Menschen die Idee, dass ich nach Bagdad reisen sollte, um mich zu bemühen, den Ausbruch des Krieges zu verhindern. Dazu muss ich wiederum sagen, dass das völlig unrealistisch war. Ich war dafür nicht der Richtige, da ich keine Verbindungen und Kontakte in dieser Region habe. Ich kenne dort niemanden. Wahrscheinlich wäre es schon schwierig für mich gewesen, dort eine Tasse Tee zu bekommen. Das hätte keinen Sinn gemacht, mich dorthin zu schicken.

Schülerin: Haben Sie Lösungsvorschläge für den Konflikt in der Ukraine?
Das ist schwierig zu beantworten. Zuerst muss ich sagen, dass ich nicht besonders viel über diesen Teil der Welt weiß. Ich bin zwar manchmal mit dem Flugzeug darübergeflogen und habe das Schwarze Meer von oben ge-

sehen, aber die wirklichen Ursachen dieses Konflikts und Problems sind mir nicht bekannt. Daher ist es schwer für mich, Lösungen vorzuschlagen.

Unabhängig davon, was die Ursache für die Ukraine-Krise war, bin ich überzeugt, dass es immer falsch ist, Gewalt anzuwenden. Das wird das Problem auf keinen Fall lösen. Kurzfristig gesehen, mag Gewaltanwendung zu vermeintlichen Erfolgen führen. Langfristig verursacht Gewalt mehr Probleme. Das gilt auch, wenn Gewalt aus einer positiven Motivation heraus angewendet wird. Den Amerikanern ging es beispielsweise darum, in Afghanistan die Demokratie einzuführen. Gewaltanwendung ist jedoch immer falsch. Wenn man Gewalt anwendet, sind die Folgen nicht absehbar. Es liegt im Wesen der Gewalt, dass sie uns im Griff hat und nicht wir sie. Zu Beginn planen wir vielleicht, nur wenig Gewalt einzusetzen. Dann können völlig unerwartete negative Folgen auftreten, und die Gewalt nimmt ihren eigenen Lauf.

Mit Gewalt kann man allenfalls den Körper anderer Menschen kontrollieren, nicht aber ihren Verstand oder ihre Gefühle. Es kann daher passieren, dass man sich auf der körperlichen Ebene durchsetzt, auf der anderen Ebene aber noch mehr Hass und Wut sät. Das ist beispielsweise ein Same für Terrorismus.

Schülerin: Ist eine Welt ohne Krieg überhaupt möglich?
Das *sollte* möglich sein! Aber es liegt allein an uns, das zu erreichen. Wir müssen uns um Frieden und Harmonie aktiv bemühen. Im frühen 20. Jahrhundert hat sich beispielsweise niemand Gedanken um Umweltschutz gemacht. Bis zur Mitte des vorigen Jahrhunderts gab es auch nicht wenige Menschen, für die Krieg etwas Normales war – die sogar einen Atomkrieg für möglich hielten. Der menschliche Geist ist kreativ und erfinderisch. Wir müssen davon Gebrauch machen. Ich habe den Eindruck, dass nun doch ernsthaftere Gespräche stattfinden, um die

Anzahl der Waffen in dieser Welt zu reduzieren. Auch das Thema Menschenrechte tritt mehr und mehr in den Vordergrund. Sogar China bewegt sich in diese Richtung.

Ich möchte dazu von einer Begegnung berichten. 1996 hatte ich eine Audienz bei der Queen Mother, der Mutter der englischen Königin Elizabeth. Sie hat das gesamte 20. Jahrhundert erlebt. Ich fragte sie, ob sich ihrer Einschätzung nach die Menschen verbessert oder verschlechtert haben oder gleich geblieben sind. Ohne zu zögern, antwortete die Königinmutter mir, dass sich die Menschen verbessert hätten. Als Begründung führte sie an, dass, als sie jung war, keine Rede von Menschenrechten oder dem Recht auf Selbstbestimmung gewesen sei. Heute haben diese Konzepte globale Bedeutung. Das zeigt, dass sich Menschen ändern können. Ich bin sehr optimistisch, dass das 21. Jahrhundert ein friedliches und harmonisches Jahrhundert wird.

Es ist zu beobachten, dass sich die Dinge verändern. Ich stelle fest, dass in vielen Ländern der Welt – auch in den westlichen Ländern wie den Vereinigten Staaten und Europa – die Menschen zunehmend von inneren Werten sprechen. Sie verstehen, dass es ihnen besser geht, wenn sie in einem Zustand inneren Friedens sind. Es spricht also viel dafür, dass wir auf ein glücklicheres Jahrhundert zusteuern.

Ich bin jetzt fast achtzig. Mir ist bewusst, dass ich diese friedliche Welt eventuell nicht mehr kennenlernen werde. Ich möchte aber einen Beitrag zu ihrer Entstehung leisten. Wenn ich dann wiedergeboren werde, kann ich den Frieden im nächsten Leben genießen.

Schüler: Wie können Regierungen Gesetze und Regelungen erlassen, die nicht nur ihren eigenen Interessen dienen?
Das hängt wohl zunächst von der Größe des Landes ab. In der Schweiz, die ein kleines Land ist, werden Bürger in jede bedeutende Entscheidung mit

einbezogen. Es gibt Bürgerentscheide und andere regionale Verfahren. Ob das für ein so großes Land wie beispielsweise die USA praktikabel ist, vermag ich nicht zu beurteilen.

Darüber hinaus halte ich die Demokratie für die beste Staatsform. Ein Land gehört allen Menschen, die in diesem Land leben, nicht nur der Regierung oder dem König. Die USA gehören 300 Millionen Amerikanern. Der ehemalige amerikanische Präsident Richard Nixon trat von seinem Amt zurück, weil ihn die Bevölkerung nicht mehr als Präsident haben wollte und ihm ein Amtsenthebungsverfahren drohte. Der ehemalige taiwanische Präsident Chen Shui-bian wurde wegen Korruption zu einer lebenslänglichen Gefängnisstrafe verurteilt. Einerseits bin ich traurig darüber, da ich mit dem Präsidenten persönlich befreundet bin. Andererseits zeigt es, dass die Demokratie funktioniert.

Schüler: Sind Nationalstaaten sinnvoll?
Das Zusammenleben von uns Menschen auf diesem Planeten lässt sich in unterschiedliche Ebenen unterteilen. Die erste Ebene wird von der Menschheit als Ganzes gebildet. Ich bin einer von sieben Milliarden Menschen. Wenn alle in Frieden miteinander leben, geht es auch mir gut. Wenn die gesamte Menschheit friedlicher wird, haben alle einen Vorteil.

Auf der zweiten Ebene identifiziere ich mich damit, Buddhist, Tibeter und Asiate zu sein. Man kann seine Nation oder Religion lieben – das ist sogar gut. Manchmal gibt es aber Interessenkonflikte zwischen der ersten und der zweiten Ebene. In diesen Fällen muss die zweite Ebene zurücktreten. Die Gesamtheit der Menschen ist wichtiger. Viele Probleme beruhen darauf, dass die Reihenfolge umgekehrt ist und nationale Interessen über globale Interessen gestellt werden. Das ist nicht sinnvoll. Nationalismus ist sehr gefährlich. Vor zweihundert Jahren ließ sich ein gewaltsamer

Konflikt eventuell noch auf eine Region begrenzen. In der heutigen Welt, in der die Menschheit so voneinander abhängig und miteinander verwoben ist, sind Kriege sehr riskant.

Schüler: Politik und Religion – wie sieht die richtige Balance in Konflikten aus?

Es ist wichtig, dass wir uns zuerst Klarheit darüber verschaffen, wie die Realität aussieht. Das ist zunächst ein mentaler Prozess. Wir müssen uns fragen, ob das, was wir über die andere Person oder das andere Land denken, tatsächlich der Realität entspricht. Andernfalls bewegen wir uns wie in einem Nebel. Das ist keine gute Grundlage für Entscheidungen. Wir übersehen dann leicht, dass das Problem gar nicht an den anderen liegt, sondern an uns selbst – an unserem geistigen Zustand.

Wir leben beispielsweise in der Illusion, voneinander getrennt zu sein. Wir denken gerne in Kategorien von «wir» und «die». Außerdem reden wir uns ein, dass wir gewinnen und «die anderen» durch Gewalt zerstören können. Das ist aber nicht die globale Realität. Die ganze Welt ist mittlerweile stark miteinander vernetzt und voneinander abhängig. Diese Realität fordert uns auf, die Einheit der Menschheit zur Grundlage unserer Entscheidungen und Handlungen zu machen. Die Zeit ist gekommen, von einem großen «WIR» auszugehen. Jeder Einzelne und die ganze Welt sind Teil des «WIR». Das zeigt sich insbesondere am Beispiel der globalen Wirtschaft und der Umweltprobleme. Die Realität ist, dass wir eine große menschliche Familie sind.

Einige Menschen betrachten Liebe und Mitgefühl als religiöse Werte. Das stimmt aber nicht. Es sind universale Werte. Das Überleben und die Zukunft jedes Einzelnen hängen völlig davon ab, wie der Rest der Menschheit sich verhält. Das gilt sogar für sehr mächtige Menschen. Auch ihre Zukunft hängt von anderen Menschen ab. Wenn sie beispielsweise alt oder krank sind, sind auch sie darauf angewiesen, von anderen Menschen versorgt zu werden.

Schülerin: Glauben Sie, dass eine Befreiung Tibets durch passiven Widerstand möglich ist?
Ich halte das für sehr realistisch. Das ist der einzige Weg. Die Tibeter streben keine Unabhängigkeit von China an. In unserer Zeit geht es doch darum, an unsere gemeinsamen, statt an individuelle Interessen zu denken. Der tibetische Ansatz besteht nicht darin, dass eine Seite gewinnen und die andere verlieren möge. Wir wünschen uns eine «Win-win»-Situation, bei der beide Seiten gewinnen. Wie die Lösung im Einzelnen aussieht, können beide Seiten verhandeln und vereinbaren. Die Tibeter sind bereit, sich dazu zu verpflichten, keine Unabhängigkeit anzustreben.

Wir haben immer sehr das Konzept der Europäischen Union bewundert. Einer meiner Tutoren in der Quantenphysik, Carl Friedrich von Weizsäcker, berichtete mir aus seiner Jugend. Damals betrachteten die meisten Franzosen Deutsche als ihre Feinde – und umgekehrt. Das hat sich doch komplett verändert. Der deutsche Kanzler Adenauer und der französische Präsident de Gaulle, die beide das Grauen des Zweiten Weltkrieges erlebt haben, haben es während ihrer Lebenszeit geschafft, das Modell eines friedlichen und vereinten Europas zu verwirklichen. Ich hoffe, dass sich der Geist einer (Europäischen) Union ebenfalls in Afrika, im Mittleren Osten, in Asien und auch in Lateinamerika ausbreitet. Wir sollten die ganze Welt als eine solche Union begreifen und die Weltordnung entsprechend gestalten. Das würde viele Probleme erheblich reduzieren. Davon bin ich fest überzeugt, und das ist auch der Grund, warum wir keine Unabhängigkeit von China anstreben. Im 7., 8. und 9. Jahrhundert gab es in unserer Region Asiens noch drei Großreiche, das chinesische, das tibetische und das mongolische. Davon haben wir uns verabschiedet. Diese Situation ist Geschichte und kommt nicht wieder.

Ich habe zwischen 1954 und 1955 viele Monate in China verbracht und mich mehrmals mit Mao Zedong getroffen. Ich habe mich sehr zum Marxismus und Sozialismus hingezogen gefühlt. Was die sozialökonomische Theorie angeht, bin ich immer noch überzeugter Marxist. Karl Marx war übrigens ein deutscher Philosoph. Von Lenin halte ich nicht besonders viel. Er war mir zu kontrollierend und hat zu viel Gewalt angewendet. Das war nicht gut.

Bei diesem China-Aufenthalt hatte ich auch die Gelegenheit, mir die alte chinesische Hauptstadt Xian anzusehen. Ich wurde von einem hohen chinesischen Regierungsbeamten begleitet. Er wies mich darauf hin, dass die tibetische Armee im 8. Jahrhundert bis Xian vorgedrungen war. Xian ist ziemlich weit von der tibetischen Grenze entfernt. Erst dann wurden sie von der chinesischen Armee zurückgeschlagen. Darauf kommt es heute nicht mehr an. Die Vergangenheit ist vergangen.

Es hat für uns noch weitere Vorteile, zur Volksrepublik China zu gehören. Tibet ist in materieller Hinsicht rückständig. Wir wollen aber ein modernes Tibet. Deshalb sollten wir besser bei China bleiben. Das ist grundsätzlich in unserem Interesse. Allerdings nur unter der Voraussetzung, dass uns die Chinesen eine angemessene Autonomie in kulturellen, religiösen und sprachlichen Angelegenheiten einräumen. Wir wollen auch über ökologische Fragen und die Erziehung unserer jungen Menschen bestimmen können. Eine solche beschränkte Autonomie für Teile der Volksrepublik China ist nach der chinesischen Verfassung auch grundsätzlich zulässig. Mao Zedong hat mir damals diese Lösung für Tibet in Aussicht gestellt. Leider ist das bisher nicht passiert.

Nun nach sechzig Jahren dieser schwierigen Situation zeigen erstaunlich viele Chinesen Sympathie und Solidarität mit den Tibetern. Beispiels-

weise sind in den letzten zwei bis drei Jahren mehr als tausend Artikel von chinesischen Journalisten und Autoren erschienen, die uns in unserem Wunsch nach angemessener Autonomie unterstützen. In diesen Veröffentlichungen kommt auch eine kritische Sichtweise zum Vorgehen der chinesischen Regierung in Tibet zum Ausdruck. Das ist eine hilfreiche Unterstützung durch die chinesische Gesellschaft. Auf der Regierungsebene sieht es etwas anders aus. Dort haben wir es mit zwei Gruppen zu tun. Die eine Gruppe verfolgt nach wie vor einen harten Kurs gegenüber Tibet. Die andere ist zu einer gemäßigten und realistischen Lösung bereit. In der Bevölkerung nehmen wir aber eine wachsende Bereitschaft zur friedlichen Klärung der Tibetfrage wahr. Das mag auch daran liegen, dass China mit mehr als 400 Millionen Menschen die größte buddhistische Bevölkerung hat. Viele davon praktizieren den tibetischen Buddhismus. Das ist für uns ein sehr positiver Trend.

Unsere Erfahrung im persönlichen Kontakt mit Chinesen ist, dass die meisten von ihnen sehr freundlich und herzlich reagieren, sobald sie verstehen, dass die Tibeter keine Unabhängigkeit von China anstreben. Es werden von der chinesischen Regierung leider viele Vorurteile gegenüber Tibetern geschürt. Tatsächlich bewundern wir aber die chinesische Kultur und wünschen uns für unsere Region eine Lösung nach dem Modell der Europäischen Union, das allen beteiligten Ländern die Bewahrung ihrer kulturellen Identität ermöglicht.

Es gibt Beispiele in der jüngeren Geschichte, die zeigen, dass Völker in ganz erstaunlichem Maß zur Vergebung in der Lage sind. Ich habe Japaner gefragt, ob sie negative Gefühle gegenüber Amerika haben. Die Amerikaner haben im Zweiten Weltkrieg zwei Atombomben auf Hiroshima und Nagasaki abgeworfen. Die Japaner haben mir versichert, dass sie keine Gefühle des Hasses oder der Rache gegenüber Amerika verspüren. Das ist wunderbar und ein beeindruckendes Beispiel für die menschliche Fähigkeit zur Vergebung. Es ist auch beeindruckend, dass Deutsche keine negativen Gefühle gegenüber Amerikanern verspüren. Auch deutsche Städte waren von amerikanischen Bomben betroffen. Ich habe den Eindruck, dass viele deutsche Jugendliche sich sogar bemühen, den amerikanischen Lebensstil zu kopieren. In Indien spricht man daher mittlerweile von einer kulturellen Invasion der Amerikaner.

Es ist einfach so. Die Welt ist jetzt ein viel kleinerer Ort geworden. Sie wächst immer mehr zusammen. Wir können uns nicht länger auf nationale, rassische oder ideologische Barrieren berufen, die uns angeblich trennen, ohne dass dies zerstörerische Auswirkungen hat.

Ich betrachte es als «altes Denken», ausschließlich in nationalen Kategorien zu denken. Das entspricht nicht mehr der Realität in unserer globalisierten Welt. Die wechselseitigen Abhängigkeiten sind groß und werden immer größer und komplexer. Das betrifft fast alle Bereiche unseres Zusammenlebens. Völker, Kontinente und Regionen sind stark miteinander verknüpft und voneinander abhängig. Nehmt nur das Beispiel des Klimawandels und des Treibhauseffektes. Diese Probleme betreffen die ganze Welt. Alle Regionen und Länder bekommen die Auswirkungen zu spüren und müssen an der Lösung der Probleme mitarbeiten. Das ist nun die neue Realität, und wir müssen unser Denken an dieser Realität ausrichten. Leider ist es so, dass sich unser Denken und unsere Herangehensweise häufig noch auf die alte Realität beziehen. Das führt zu wesentlichen Lücken in den Lösungsansätzen, die wir zurzeit entwickeln. Das ist meine Sichtweise. In Bezug auf China stelle ich fest, dass sich im heutigen China gerade sehr viel verändert im Vergleich zu der Situation vor vierzig oder dreißig Jahren. Viele Chinesen unterstützen nun die Tibeter in ihrem Bemühen um Autonomie. Auch einige Führungspersonen denken langsam um. Es gibt Hoffnung.

Schülerin: Sind Sie mit dem aktuellen Zustand der Menschheit zufrieden?
Wenn ich ganz glücklich wäre mit der Situation in der Welt, dann hätte ich zuvor einige Fragen anders beantwortet. Denken wir nur an Syrien, wo sogar Kinder durch Giftgas sterben, an die Situation im Irak oder an die Bedrohung durch Terroristen. Das sind alles Probleme, die von Menschen verursacht sind. Sie basieren alle auf falscher Erziehung, bei der die Menschheit als getrennt erlebt wird. Es sollte besser die Einheit der Menschheit gelehrt werden – wir sind alle Geschwister. Selbst in der Religion werden Unterschiede beispielsweise zwischen Christen und Muslimen gemacht. Statt zu lehren, dass wir eine Menschheit sind, statt zu lehren, wie destruktiv Zorn ist, fügt die Religion den politischen Konflikten noch welche hinzu. Das ist nicht die Aufgabe der Religion. Trotzdem muss ich sagen, dass die Zeichen dafür sprechen, dass das 21. Jahrhundert anders als das 20. Jahrhundert wird. Diese Zeichen stimmen mich hoffnungsvoll und optimistisch, dass wir einer besseren Zukunft entgegengehen.

4. FRAGEN ZUR RELIGION

Schülerin: Warum gibt es unterschiedliche Religionen? Wäre es für den Frieden in der Welt nicht besser, wenn alle den gleichen Glauben hätten?

Ich bin überzeugt davon, dass es unterschiedliche Religionen gibt, weil nicht nur eine Religion oder ein Glaube für alle Menschen passt. Ebenso wie Menschen unterschiedliche Lebensmittel für ihren Körper bevorzugen, benötigen sie auch unterschiedliche geistige Nahrung. Da es verschiedene Religionen und Glaubensrichtungen gibt, kann jeder die spirituelle Nahrung wählen, die für ihn am besten passt.

Leider ist es so, dass Religionen auch Unruhestifter sind und immer wieder Konflikte und Kriege im Namen der Religion geführt werden. Ich finde das abscheulich. Ich betrachte Religion als Privatsache. Besonders schrecklich ist es, wenn sich Menschen bekriegen, die zu derselben Glaubensrichtung gehören. Ich sehe, dass du ein Kopftuch trägst, und gehe davon aus, dass du Muslimin bist. Ich möchte dir daher ein Beispiel aus der islamischen Welt nennen.

Im Islam gibt es unterschiedliche Glaubensrichtungen wie die Schiiten und Sunniten, die sich immer wieder heftig bekämpfen, so wie zurzeit im Irak. Das führt zu großem menschlichem Leid. Mehr als 500 000 Menschen sind auf der Flucht. Beide Gruppen beten denselben Gott an – Allah. Ich stelle mir die Situation für Allah schwierig vor. Schiiten und Sunniten beten zu ihm und erbitten für sich den Sieg. Welche Gebete soll Allah erhören?

Ich stelle fest, dass in Deutschland die Neigung besteht, die Augen vor solchen Konflikten zu verschließen. Es wird so getan, als ob Deutschland davon nicht betroffen ist. Das finde ich nicht gut. Alle müssen sich dafür einsetzen, dass diese Auseinandersetzungen und das damit verbundene Leid so schnell wie möglich beendet werden.

Schülerin: Was halten Sie vom Islam?
Der Islam ist eine sehr wichtige Religion. In ihrem Zentrum steht Liebe. Es geht im Islam darum, sein Herz auf die ganze Schöpfung Allahs auszudehnen. Ein befreundeter Muslim erklärte mir, dass der Islam jegliches Blutvergießen verurteile. Ein Muslim, der solche Handlungen begeht, könne nicht länger Muslim sein. Er erklärte mir auch, dass das Wort «Dschihad» Anstrengung oder Kampf bedeutet. Damit ist jedoch nicht in erster Linie Krieg gegen äußere Feinde, sondern der Kampf gegen unsere eigenen negativen Emotionen gemeint. Die Reduzierung negativer Emotionen ist auch ein Ziel der buddhistischen Praxis.

Sofern du auf Ereignisse wie den 11. September 2001 anspielst, möchte ich dir Folgendes sagen: Es gibt in jeder Religion Menschen, die bösartig sind. Man sollte nicht die ganze Religion verurteilen, nur weil einzelne Mitglieder dieser Gruppe anderen Menschen Schaden zufügen. Im Namen jeder Religion wurden Gewaltakte verübt – einige davon sogar von Buddhisten.

Schülerin: Wie können wir andere Religionen besser verstehen?
Wenn wir Harmonie unter den Religionen erreichen wollen, müssen wir etwas über sie wissen. In Indien hatte ich zum ersten Mal Kontakt mit Menschen aus anderen Religionen, wie zum Beispiel mit Mutter Teresa und auch mit Muslimen. Durch den persönlichen Kontakt verstand ich, dass alle Religionen das gleiche Potenzial haben. Wenn man sich nur in einer Religion auskennt, besteht immer die Gefahr von Fundamentalismus.

Schülerin: Woraus bezieht eine Ethik, die kein göttliches Wesen kennt, ihre Kraft?

Viele meiner Freunde, einige von ihnen sind Muslime, andere Christen, sind immer etwas skeptisch, wenn ich über weltliche Ethik spreche. Ich bin der Meinung, dass deine Frage von den Naturwissenschaften und der Medizin bereits beantwortet ist. Medizinische Studien belegen, dass ständige negative Emotionen wie beispielsweise Hass, Ärger und Angst unserem Immunsystem sehr schaden. Es ist sehr wichtig, einen ruhigen Geist zu haben. Ein Mensch, der Mitgefühl hat und mehr an die anderen denkt, ist dadurch selbst sehr viel ausgeglichener, ruhiger und glücklicher als Menschen, die immer nur an sich selbst denken.

Ein ruhiger Geist ergibt sich aus einem gesunden Selbstvertrauen und innerer Stärke. Wenn man Angst hat, ist der Geist unruhig. Ich weise immer wieder darauf hin, dass Mitgefühl die wesentliche Quelle von Selbstvertrauen und innerer Stärke ist. Die meisten Wissenschaftler sind nicht religiös, einige sind sogar Atheisten. Ihre Forschungen sind zu den genannten Ergebnissen gekommen und beweisen, dass soziales Verhalten in unseren Genen liegt. Wir benötigen also keine Religion, um für Mitgefühl und Liebe zu anderen Menschen motiviert zu sein. Das Interesse an deren Wohlergehen sollte sich bereits aus dem gesunden Menschenverstand ergeben.

Seit mehr als dreißig Jahren diskutiere ich diese Fragen mit Experten und Wissenschaftlern, auch mit Pädagogen. Wir sind uns einig, dass unser Erziehungssystem nicht nur intellektuelles Wissen, sondern auch innere Werte vermitteln muss, die auf weltlicher Ethik basieren. Wenn es uns nicht gelingen sollte, ethische Normen zu entwickeln, die von allen Menschen akzeptiert werden, müssen wir davon ausgehen, dass eine Milliarde nichtgläubiger Menschen diese Werte nicht akzeptieren werden. Wahrscheinlich werden sie sagen: «Ist uns doch egal! Ich glaube nicht an Gott, und deswegen mache ich weiter Ärger.» Schon deswegen ist es wichtig, eine weltliche, von den Religionen unabhängige Ethik zu entwickeln. Ich bin ohnehin davon überzeugt, dass die großen Religionen alle einen ähnlichen Kern entwickelt haben. Man muss bei jeder Religion zwischen dem religiösen, dem philosophischen und dem kulturellen Aspekt unterscheiden. Die gehen miteinander einher. In philosophischer und kultureller Hinsicht unterscheiden sich die Religionen. In religiöser Hinsicht, wo es darum geht, ein friedvolles Herz zu entwickeln, ein gutes Leben zu führen, die Menschen zu respektieren – in dieser Hinsicht sind sich alle großen Religionen ähnlich. Ich war mal in Australien zu einem Vortrag eingeladen und wurde dort von einem christlichen Priester als ein «guter Christ» vorgestellt. Ich dankte ihm dafür und sagte, er sei ein «guter Buddhist». Das bedeutet, in der Praxis der Güte und des Mitgefühls sind alle großen Religionen gleich.

Falls du aber persönlich überzeugt sein solltest, dass sich Werte wie Mitgefühl und Nächstenliebe besonders überzeugend aus deiner Religion ableiten lassen, so ist das auch sehr gut. Ich rate dir, deine Religion zu praktizieren. Wenn deine Religion für dich ein Weg ist, um ein gutes Herz zu entwickeln und anderen Menschen zu helfen, ist das wunderbar. Im Buddhismus kennen wir keinen Schöpfergott. Deshalb sagen viele Menschen, das sei keine Religion, sondern eine Geisteswissenschaft. Buddha hat seine Schüler immer wieder darauf hingewiesen, dass sie nichts glauben sollten, nur weil er davon spreche. Sie sollten ihre eigenen Überlegungen und Untersuchungen anstellen. Die Wissenschaftler, von denen ich gerade gesprochen habe, haben das jedenfalls so gemacht. Sie haben ihre eigenen Untersuchungen durchgeführt und sind zu dem Ergebnis gekommen, dass Warmherzigkeit für unsere Gesundheit sehr wichtig ist.

Vor einiger Zeit war ich zu einer dreitägigen Konferenz in San Francisco eingeladen, die soziale Probleme wie beispielsweise Jugendkriminalität zum Thema hatte. An der Veranstaltung haben Wissenschaftler, Ärzte, Sozialarbeiter und andere Intellektuelle teilgenommen. Sie waren sich einig, dass die Jugendkriminalität stark angestiegen ist, weil es in der Gesellschaft, in den Familien und in den einzelnen Menschen nicht genügend Mitgefühl gibt. Das ist ein weiterer wichtiger Grund, bereits im Schulunterricht innere Werte und Herzensqualitäten zu vermitteln.

Schüler: Woher kommt das Böse in der Welt?
Die Beantwortung dieser Frage hängt davon ab, ob man an einen Gott glaubt oder nicht. Buddhisten glauben nicht an Gott. Für uns gilt das Prinzip «Jeder ist seines eigenen Glückes Schmied». Daraus folgt, dass wir in unserer Unwissenheit und Unbewusstheit die größte Ursache für das Böse und für Unglück sehen. Es ist daher wichtig, unsere Unwissenheit so weit wie möglich zu reduzieren, sonst tragen wir immer einen Samen für das Böse in uns.

Für Menschen, die an Gott glauben, sieht die Sache anders aus. Sie fragen sich häufig, warum Gott so viel Böses zulässt. Ein christlicher Freund stellte mir jedenfalls diese Frage. Ich habe ihm etwas scherzhaft geantwortet: Gott hat die Hölle geschaffen. Also muss es auch Leute geben, die in die Hölle gehen.

Schüler: Sollte man traurig über den Tod sein?
Das kommt darauf an, welcher Religion man angehört oder welchen Glauben man hat. Religionen, in denen es einen Gott gibt – beispielsweise das Christentum –, glauben auch an ein Leben nach dem Tod. In diesen Religionen besteht außerdem die Überzeugung, dass wir nach unserem Tod Rechenschaft über unsere Taten ablegen müssen. Es ist daher empfehlenswert, anderen Menschen zu helfen und gute Taten zu vollbringen. Dann sind die Chancen besser, nach dem Tod in den Himmel zu kommen.

In Glaubensrichtungen, in denen es kein Gottesbild gibt – der Buddhismus gehört dazu –, gehen wir davon aus, dass wir wiedergeboren werden, also ein Leben nach dem anderen haben. Auch nach diesem Konzept entscheidet die Art und Weise, wie wir dieses Leben gelebt haben – ob wir beispielsweise hilfsbereit und mitfühlend waren –, darüber, welches Schicksal uns im nächsten Leben erwartet. Je besser wir uns in diesem Leben verhalten, desto angenehmer werden wir das nächste Leben verbringen. Da geht es nach dem Tod also auch weiter. Der Tod ist nicht das Ende.

Für Menschen, die an gar nichts glauben, sieht die Sache etwas anders aus. Das ist schon traurig. Da ist der Tod das Ende. Manche Menschen ziehen es daher vor, gar nicht über den Tod nachzudenken.

Es ist insgesamt wichtig, ein sinnvolles und gutes Leben zu führen. Unabhängig von der Frage der religiösen Überzeugung wird man sonst an seinem letzten Tag schwere Momente erleben. Man wird es bereuen, wenn man andere Menschen betrogen, ausgenutzt oder auf andere Weise schlecht behandelt hat. Das Schlimmste aber ist: Man muss damit rechnen, dass andere Menschen erleichtert sein werden, wenn ein schwieriger Mensch, der Probleme verursacht hat, diese Erde verlässt. Das will doch keiner, oder? Wenn man aber ein mitfühlender Mensch war, werden andere Menschen traurig sein, wenn man geht. Sie werden diesen Menschen vermissen.

Schüler: Haben Sie Angst vor dem Sterben?

Es hat keinen Sinn, Angst vor dem Tod zu haben. Er ist Teil unseres Lebens. Wir werden geboren, und wir sterben. Wir können nichts daran ändern. Wenn der Tod kommt, bringt es erst recht nichts, Angst zu haben.

Es ist Teil meiner buddhistischen Praxis, mich durch eine bestimmte

Meditation auf das Sterben vorzubereiten. Ich stelle mir dabei vor, wie sich mein Körper auflöst und auch verschiedene Elemente des Geistes. Ich mache das fünfmal täglich und hoffe, dadurch einigermaßen gut vorbereitet zu sein, wenn der Tod kommt. Sicher kann ich mir aber nicht sein. Ich werde es erst wissen, wenn es so weit ist.

Auf Flügen über einen Ozean oder ein Meer habe ich manchmal den Gedanken, dass unter mir Haie schwimmen. Falls das Flugzeug abstürzt, würde ich ziemlich schnell einen Leckerbissen für diese Haie abgeben – ich kann nämlich nicht schwimmen. Das ist doch vielleicht so etwas wie Todesangst, oder?

Schülerin: Sollte man Sterbehilfe erlauben?
Grundsätzlich gilt das Gleiche wie bei der Abtreibung. Die Sterbehilfe ist auch eine Form des Tötens, die vermieden werden sollte. Wir müssen den jeweiligen Einzelfall betrachten und alle Faktoren abwägen, da es um sehr ernsthafte Konsequenzen geht. Die Entscheidung sollte nicht von einem Einzelnen, sondern von mehreren Menschen getroffen werden, und sie sollte einstimmig ausfallen. Umstände, die dafür sprechen, können eine schwere unheilbare Krankheit oder starke Schmerzen sein, und ebenso der Aufwand, mit dem ein Mensch am Leben erhalten wird. Im Einzelfall kann es aus Gnade und Mitgefühl angebracht sein, Sterbehilfe zu leisten. Das muss jedoch die absolute Ausnahme sein. Diese Entscheidung sollte man sich nicht leicht machen und das Pro und Kontra sehr sorgfältig abwägen.

Schüler: Was halten Sie von Organspenden?
Das soll jeder für sich entscheiden. Ich finde Organspenden gut, solange die Menschen sich freiwillig dazu entscheiden. Es ist sehr traurig und schlimm, wenn mit entnommenen Organen Geschäfte gemacht werden

oder in einigen Ländern Menschen dazu gezwungen werden und beispielsweise in Gefängnissen Organe entnommen werden.

Schülerin: Wie stehen Sie zur Gleichberechtigung von Mann und Frau, und was sagt der Buddhismus dazu?
Ich glaube, dass Frauen und Männer grundsätzlich gleich sind, und so hat das auch Buddha gesehen. Er hat Frauen die höchsten Einweihungen gegeben. In dieser Hinsicht waren Männer und Frauen absolut gleich. In der Zeit des Buddha gab es kulturell bedingte Unterschiede in der Behandlung von Männern und Frauen. Das führte dazu, dass die Nonnen hinter den Mönchen gehen mussten, wenn diese gemeinsam einen Raum betraten. Ansonsten wurden sie gleich behandelt. Buddha hat auch betont, dass Männer den Frauen mit besonderer Achtung begegnen sollten. Männer und Frauen haben grundsätzlich auch die gleiche Fähigkeit, Erleuchtung zu erlangen. Das ist das grundlegende buddhistische System.

Aber es gibt noch einen anderen Aspekt. Ich bin überzeugt davon, dass es zu Beginn der Menschheitsgeschichte kaum Machtkämpfe gab und es auch nicht darauf ankam, wer das Sagen hatte. Die Menschen lebten als Nomaden und teilten verfügbare Lebensmittel untereinander auf. Das änderte sich mit Beginn des Ackerbaus. Die Bevölkerungszahl stieg an, weil mehr Nahrung zur Verfügung stand. Plötzlich kam es darauf an, über Flächen zu verfügen, und es wurden erbitterte Kämpfe ausgetragen. Anführer oder Häuptlinge wurden nur körperlich besonders starke Menschen. Es gab noch keine Bildung oder Erziehung; auf geistige Fähigkeiten kam es nicht besonders an. Es war daher Frauen in dieser Zeit nicht möglich, eine Führungsrolle zu übernehmen. Dieses Ungleichgewicht wurde später von den Religionen leider bestätigt. Inzwischen gibt es aber Bildung und Erziehung.

Wir sind jetzt an der Schwelle zu einer Zeit, in der es besonders wichtig ist, verstärkt Liebe, menschliche Werte und Gefühl zu entwickeln. Dabei sind Frauen im Vorteil. Wissenschaftliche Studien zeigen, dass Frauen ein stärkeres Mitempfinden mit den Schmerzen anderer haben und mit mehr Sensibilität reagieren. Das zeigt sich an körperlichen Reaktionen wie beispielsweise Herzschlag und Blutdruck. In der bisherigen Menschheitsgeschichte waren Helden und Krieger fast immer Männer. Frauen setzten sich hauptsächlich dafür ein, anderen Menschen zu helfen. Da wir uns nun an der Schwelle zu einer entscheidenden Zeit befinden, die Hilfsbereitschaft und Menschlichkeit erfordert, ist es wichtig, dass Frauen Führungsrollen übernehmen. Nehmen wir einmal an, dass zweihundert Nationen von Frauen regiert werden. Dann wäre es vielleicht wahrscheinlicher, dass weniger Gewalt bei der Lösung von Problemen eingesetzt wird, denn in der bisherigen Menschheitsgeschichte waren es meistens die Männer, die Konflikte und Kriege verursacht haben. Sicher können wir natürlich nicht sein; wir müssten das erst mal ausprobieren.

Eine Journalistin hat mich mal während eines Interviews in Paris gefragt: «Könnte der nächste Dalai Lama als Frau geboren werden?» Meine Antwort war: «Selbstverständlich. Falls es für Tibet nützlicher ist, dass der Dalai Lama eine Frau ist, kann das passieren. Es gibt in der tibetischen Tradition viele hoch entwickelte Lehrer, die als Frauen inkarnierten.» Etwas scherzhaft habe ich dann noch gesagt: «Wenn der nächste Dalai Lama eine Frau sein sollte, dann aber bitte eine hübsche Frau. Das wäre nützlicher.»

Schüler: Wäre es auch möglich, dass der Dalai Lama als Christ oder Muslim inkarniert?
Ich halte das für unwahrscheinlich. Was das Weiterbestehen der Institution «Dalai Lama» insgesamt angeht, sage ich seit 1969, dass das tibetische Volk darüber entscheiden muss, ob es diese Institution weiterhin

geben soll. Wenn die Mehrheit glaubt, dass das nicht mehr sinnvoll ist, dann sollte es diese seit mehreren Jahrhunderten bestehende Institution nicht mehr geben. Wenn die Mehrheit glaubt, dass es wichtig für die Tibeter ist, dann wäre es falsch, sie zu beenden.

Die Institution des Dalai Lama kommt, bleibt und geht wie andere Dinge im Leben und in der Geschichte auch. Das Amt des Dalai Lama hat sich ohnehin sehr verändert, seit ich entschieden habe, dass es besser ist, die politische und die religiöse Funktion voneinander zu trennen. Ich bin als Staatsoberhaupt zurückgetreten, und dieses wird nun demokratisch gewählt. In politischer Hinsicht hat die Institution «Dalai Lama» also bereits ausgedient. Der Titel «Dalai Lama» wurde übrigens zum ersten Mal dem dritten Dalai Lama verliehen, und zwar von den Mongolen. Die Mongolen machen sich auch jetzt noch Gedanken, wie es mit dem Dalai Lama weitergeht und besonders, wie der nächste Dalai Lama ausgewählt wird.

Ich finde die Art, wie beispielsweise ein Papst bestimmt wird, sehr gut. Da werden ältere und erfahrene Kardinäle vorgeschlagen. Aus dieser Gruppe wird dann einstimmig ein Kandidat ausgewählt. In unserer Tradition werden die inkarnierten Lamas schon als kleine Jungen ausgesucht. Es hat Fälle gegeben, bei denen ein inkarnierter Lama später in Ungnade gefallen ist. Aber wenn man bei dieser Form der Suche bleibt, dann wird man bestimmt nicht in muslimischen oder christlichen Gemeinden, sondern in der buddhistischen Gemeinschaft suchen, denn es geht um die tibetisch-buddhistische Kultur.

Was meine eigene Wiedergeburt angeht, weiß ich noch nicht genau, unter welchen Umständen sie erfolgen wird. Ich bin aber sicher, nicht in Tibet zu inkarnieren, solange dieses nicht frei ist und von den Chinesen dominiert wird. Ich habe einige Erinnerungen an meine früheren Inkarnationen. Gelegentlich träume ich auch von anderen Leben. Im alten

Ägypten der Pharaonen, da habe ich wohl mal im Gefängnis gesessen. Ägypten ist ein muslimisches Land. Ich schließe es daher nicht völlig aus, dass ich in einem anderen Leben in einem christlichen oder muslimischen Gebiet wiedergeboren werde. Das ist durchaus möglich.

5. FRAGEN ZUM LEBEN DES DALAI LAMA

Schülerin: Schon mit zwei Jahren wurden Sie als Dalai Lama ausgewählt, das ist ein ganz besonderes Leben. Sind Sie persönlich glücklich?
Als ich mit sechs oder sieben Jahren angefangen habe, die buddhistischen Lehren zu studieren, hat mich das zunächst überhaupt nicht interessiert. Ich wollte nur spielen. Mit fünfzehn oder sechzehn Jahren habe ich begonnen, mich ernsthaft damit zu beschäftigen und die Lehren auch zu praktizieren. Heute sehe ich, wie enorm hilfreich diese sind. Der innere Friede ist ein äußerst wichtiger Faktor auch für die körperliche Gesundheit. Ich bin jetzt fast achtzig – und seht euch mein Gesicht an. Ich sehe doch einigermaßen jung aus, oder? Wenn ich manchmal alte Freunde treffe, blicke ich in Gesichter voller Falten. Ich habe kaum Falten.

Schülerin: Wünschen Sie sich manchmal ein ganz normales Leben?
Als ich jung war, musste ich mich oft mit meinem Lehrer zurückziehen, der sehr streng war. Übrigens: Was mögt ihr lieber – Ferien oder Schule? Kennt ihr das, wenn man beispielsweise am Vorabend von Weihnachten vor Aufregung gar nicht richtig schlafen kann? Diese Erfahrung kenne ich auch. Wenn am Neujahrstag – einem wichtigen Feiertag in Tibet – schulfrei war, hatte ich vorher auch eine schlaflose Nacht vor lauter Aufregung.

Wenn ich so mit meinem strengen Lehrer zusammensaß und studierte, konnte ich von draußen hören, wie die Schäfer mit ihren Tieren auf die Weiden zogen und wie sie tibetische Volkslieder sangen, wenn sie zurückkehrten. Manchmal dachte ich mir dabei, wie glücklich sie doch seien, während ich das Leben eines Eingesperrten führte. Im Laufe der Zeit ist mir jedoch klar geworden, dass mein Name für etwas Nützliches steht und ich meine Kraft dafür einsetzen muss, den Menschen zu dienen.

Schüler: Was hätten Sie heute rückblickend schon als Siebzehnjähriger gerne gewusst?
Meine Antwort bezieht sich auch auf das Lernen. Ich hätte gerne gewusst, dass alles, was wir mit Begeisterung lernen, länger im Gedächtnis bleibt. Dinge, die wir nur aus Pflichterfüllung lernen, vergessen wir schnell wieder.

Schüler: Was war bisher Ihre größte Herausforderung?
Meine größte Herausforderung war, die volle Verantwortung abzugeben, die der Dalai Lama seit dem 5. Dalai Lama, also seit mehr als vierhundert Jahren, auch politisch trägt. Der Dalai Lama hat bisher immer sowohl religiös als auch politisch die Verantwortung für Tibet getragen. Im Jahr 2000 haben wir eingeführt, dass die politische Führung gewählt wird, an die ich 2011 die politische Verantwortung übergeben habe. Ich konzentriere mich seitdem darauf, mich für Harmonie und Frieden zwischen den Religionen einzusetzen. Außerdem engagiere ich mich für menschliche Werte und dass Warmherzigkeit im Zusammenleben eine Rolle spielt.

Die Ära der Verknüpfung von politischem und geistigem Amt ist nun formell zu Ende gegangen. Ob das etwas Gutes ist oder nicht, das wird die Zukunft zeigen. Ich glaube an die Demokratie. Ich glaube, dass die Welt den Menschen gehört – sieben Milliarden Menschen – und nicht einer Partei. Ich glaube, dass Deutschland 80 Millionen Deutschen gehört und nicht einer Partei. In den Ländern, in denen es Könige gibt, gehört das Land doch nicht dem König oder der Königin. Das habe ich schon seit meiner Kindheit gefühlt. Schon 1950, als ich die politische Verantwortung übernommen habe, habe ich angefangen, ein Reformkomitee zu entwickeln. Eine Demokratie kann man nicht über Nacht einführen. Das sind langsame Prozesse. Für die Tibeter war die Situation aufgrund des Krieges und des Exils besonders schwierig.

Auch in Deutschland hat die Entwicklung der Demokratie etwas Zeit benötigt. Jetzt funktioniert sie sehr erfolgreich, und ich finde sie wunderbar. In Deutschland funktioniert auch die Ökonomie gut. Ich habe viele deutsche Freunde, und ich habe nie erlebt, dass sie irgendwelche negativen Gefühle gegenüber anderen Nationen äußerten, obwohl hier viele Städte zerstört waren. Auch in Japan habe ich das gesehen. Das ist das Besondere an diesen beiden Ländern. Sie haben die Freundschaft weiter praktiziert, trotz dieser Tragödien. Sie sind dadurch wie neue Nationen aus der Asche des Krieges auferstanden, und das bewundere ich zutiefst. Das ist das, was ich euch jungen Menschen mitgeben möchte. Behaltet diese Kraft der Freundschaft immer in euren Herzen. Dann könnt ihr aus jeder Tragödie eine schöne Zukunft bauen.

Schülerin: Welche Menschen – außer spirituellen und religiösen Führern – beeindrucken Sie?
Ich verehre natürlich einige Menschen, beispielsweise Václav Havel, den ehemaligen Präsidenten der Tschechischen Republik. Außerdem verehre ich Professor Carl Friedrich von Weizsäcker, einen Physiker. Ich betrachte ihn als meinen Lehrer für Quantenphysik. Ich habe wirklich Respekt und Liebe für diesen Menschen. Ich war leider ein hoffnungsloser Schüler. Während er etwas erklärte, glaubte ich immer, alles zu verstehen, und danach, wenn er wieder weg war, verstand ich gar nichts mehr.

Aber es gibt auch andere wunderbare Menschen. Selbst in der chinesi-

schen Kommunistischen Partei gibt es einige, die sehr hingebungsvoll und selbstlos arbeiten. Ich war in den 1950er Jahren zehn Monate dort. Selbst Mao Zedong war zunächst überhaupt nicht grob. Er hat für das Wohlergehen der Menschen, insbesondere der Arbeiter, viel getan. Im Laufe der Zeit, durch seine Umgebung und die Umstände der Macht, ist er korrumpiert worden. Darin besteht immer die Gefahr. Wir müssen lernen, wie wir mit uns selbst umgehen.

Willy Brandt, der ehemalige deutsche Bundeskanzler, hat mitten im damaligen Kalten Krieg – einer Zeit, in der alles nur auf Misstrauen basierte – Vertrauen in Leonid Breschnew entwickelt und einen Dialog geführt. Dafür bewundere ich ihn. Ihr seht, es sind mindestens zwei Deutsche, die ich wirklich sehr verehre.

Schüler: Wie empfinden Sie es, wenn Regierungen dem Druck Chinas nachgeben und es ablehnen, Sie zu empfangen?
Das Wichtigste für mich ist, eine breite Öffentlichkeit zu erreichen und mich für die Verbreitung menschlicher Werte einzusetzen, die zu einer glücklichen Gesellschaft und Harmonie zwischen den Religionen beitragen.

Schüler: Was machen Sie in Ihrer Freizeit?
Lesen – hauptsächlich lesen. Früher habe ich auch gerne im Garten gearbeitet oder mechanische Dinge, beispielsweise Uhren, repariert. Und ich habe mir gerne Dokumentationen oder Nachrichten im Fernsehen angeschaut. In den letzten Jahren widme ich meine Zeit überwiegend der Meditation und dem Lesen – hauptsächlich buddhistischer Philosophie, aber auch von Magazinen und Zeitungen wie «Time Magazine», «Newsweek» und «Herald Tribune».

Schülerin: Essen Sie Fleisch?
Wir dürfen anderen Lebewesen kein Leid zufügen – auch Tieren nicht. Ich habe viele Jahre kein Fleisch gegessen. Dann bekam ich Probleme mit der Galle, und mein Arzt sagte mir, dass ich gelegentlich Fleisch essen müsse, um gesund zu bleiben. Das ist mein persönlicher Widerspruch. Von meinem Herzen bin ich Vegetarier und empfehle das allen Menschen.

Schüler: Was war Ihre bisher schönste Erfahrung?
Auf diese Frage möchte ich auf verschiedenen Ebenen antworten. Ich betrachte mich selbst als gewöhnlichen Menschen. Auf dieser Ebene sind meine wunderbarsten Erfahrungen mit Warmherzigkeit und Mitgefühl verbunden. Das versetzt mich in einen Zustand von innerem Frieden. Ich bin entspannt und fühle mich nie nervös. Ich bin immer frei von Angst. Das ist wirklich eine wunderbare Erfahrung. Auf der Ebene des Buddhismus möchte ich die Wirkung des Altruismus hervorheben. Das ist unglaublich, welche Wirkung das bei mir hat. Auch die Praxis des Altruismus bringt ganz viel Frieden mit sich.

Und dann gibt es noch ein anderes wichtiges buddhistisches Konzept – das des gegenseitig abhängigen Entstehens. Danach ist nichts aus sich selbst heraus entstanden. Alles ist relativ zu verschiedenen anderen Dingen und dazu, wie wir es benennen. Selbst Buddha ist so ein relatives Konzept und keine absolute Wirklichkeit. Dieses Konzept hilft uns, im Kontakt mit guten Dingen nicht zu viel Anhaftung und mit schlechten Dingen nicht zu viel Abneigung zu entwickeln. Im Kontakt mit neutralen Dingen können wir verstehen, warum wir neutral reagieren. Das meiste, worauf wir reagieren, sind nur Erscheinungen. Die Quantenphysik kann heute beweisen, dass sich physische Gegenstände auf einer tieferen Ebene nicht wirklich finden lassen. Die Dinge erscheinen uns zwar als objektiv existent, sind es aber nicht. Unsere Wahrnehmung der Wirklichkeit hängt nicht zuletzt davon ab, wie wir sie benennen. Mein guter Freund, der Psychiater Aaron Beck, hat mir mal erklärt, dass mehr als neunzig Prozent unserer Emotionen gar nicht in dem Objekt begründet sind, auf das sich diese Gefühle beziehen. Wenn wir beispielsweise wütend auf jemanden sind, muss das gar nicht so viel mit dieser Person zu tun haben. Es handelt sich in der Regel nur um Projektionen. Wenn man sich das vor Augen hält, folgt daraus, dass die Dinge eben nicht so objektiv sind, wie sie uns erscheinen. Die Intensität von Emotionen wie Zorn oder Wut haben wir selbst in der Hand. Wir erzeugen diese Gefühle selbst.

Das ist ein buddhistisches Konzept, von dem ich als Buddhist überzeugt bin. Ich empfehle euch, diese Gedanken nur zu übernehmen, wenn ihr selbst Buddhisten seid und ein echtes Interesse an diesen Themen habt. Wer einer anderen Religion angehört und beispielsweise Vertrauen in einen allmächtigen Schöpfergott hat, sollte gar nicht erst darüber nachdenken. Ich habe mal mit einem katholischen Priester über die Praxis der liebenden Güte und die Entwicklung von Mitgefühl gesprochen. Bei dieser Gelegenheit bat er mich, ihm auch das Prinzip des abhängigen Entstehens zu erklären. Meine Antwort war dann: «Das ist nicht deine Angelegenheit. Bleib du bei Gott. Das ist nur etwas für diejenigen, die sich wirklich intensiv mit Buddhismus auseinandersetzen.»

Schülerin: Haben Sie vor irgendetwas Angst, fürchten Sie sich manchmal?
Als ich jünger war, hatte ich in einigen Situationen Angst. Mittlerweile kann ich dank meines Geistestrainings und meiner Meditationspraxis mit angsterregenden Situationen gut umgehen. Ich erinnere mich beispielsweise, dass ich als Junge in einigen Räumen oder dunklen Gängen des Potala-Palastes Angst hatte. Man erzählte sich, dass es dort spuke und Geister ihr Unwesen trieben. Manchmal meinte ich, einen kalten Hauch

in meinem Nacken zu spüren und dachte, dass ein Geist hinter mir her sei. Ich hatte ziemliche Angst.

Eine andere Situation, in der ich große Angst hatte, war im März 1959 zu Beginn meiner Flucht. Ich musste in Lhasa den Fluss überqueren und wusste, dass auf der anderen Seite viele chinesische Soldaten waren, die nach mir suchten. Damals war ich in sehr realer Gefahr.

Es gibt zwei Arten von Angst. Unsere Angstgefühle können eine reale Grundlage haben, weil tatsächlich Gefahr droht. In diesen Fällen müssen wir handeln und Vorsichtsmaßnahmen ergreifen. Dann gibt es noch die Angst, die eine Projektion unserer Befürchtungen ist. Das müssen wir uns bewusst machen.

Schüler: Waren Sie schon mal verliebt?
Ich bin ein buddhistischer Mönch. Buddhistische Mönche leben im Zölibat, dürfen also keinen körperlichen Kontakt mit Frauen haben. Es fällt mir nicht besonders schwer, diese Regel zu befolgen. Gelegentlich hatte ich entsprechende Empfindungen und Gedanken, wenn ich einer hübschen Frau begegnet bin. An der Umsetzung war ich jedoch nicht interessiert. Mir war klar, dass das nur Probleme gegeben hätte. Ich habe mich darauf besonnen, dass ich ein buddhistischer Mönch bin – sogar in meinen Träumen ist mir das gelungen.

Manchmal bin ich schon ein wenig neugierig, wie es sich anfühlt, verliebt zu sein. Viele Menschen bitten mich in Beziehungsfragen um Rat, und dadurch ist bei mir der Eindruck entstanden, dass das alles nicht so einfach ist. Zunächst muss man den anderen finden. Das ist schon nicht so einfach. Dann gehen oft die Probleme erst richtig los. Der andere liebt einen vielleicht nicht so, wie man sich das wünscht. Das kann viel Schmerz und Leid verursachen. Wenn ich Freunde besuche, die verheiratet sind, kann es passieren, dass sie bei meinem nächsten Besuch bereits mit einer anderen Frau verheiratet sind. Scheidungen sind schlimm, besonders für die Kinder. Das Leben als Mönch scheint mir ruhiger und stabiler zu sein.

Schülerin: Haben Sie einen Garten, und arbeiten Sie oft darin?
Ja, ich habe in Dharamsala ein Gewächshaus. Ich liebe Blumen und züchte dort auch eine Vielzahl von Blumen. In Dharamsala ist es leider sehr feucht und heiß. Einige Pflanzen, die in Lhasa gut wachsen – wie beispielsweise meine Lieblingsblume Rittersporn –, gedeihen dort nicht. Ich gärtnere allerdings nicht mehr selbst. Ich genieße die Farben und Formen der Pflanzen, hantiere aber nicht mehr selbst mit ihnen. Andere Menschen machen die mühsame Arbeit für mich.

Schülerin: Mögen Sie immer noch gern Tsampa, den tibetischen Getreidebrei?
Vor zwanzig oder dreißig Jahren habe ich mal eine Zeitlang keinen Tsampa gegessen. Ich aß vorwiegend Brot oder ähnliche Nahrungsmittel. Dann haben mir einige Tibeter, die gerade aus Tibet kamen, und auch ein Ernährungswissenschaftler gesagt, dass Tsampa sehr gut für die Gesundheit sei. Ich habe gehört, dass auch einige Chinesen gerne Tsampa essen. Andererseits habe ich erfahren, dass Tibeter in Lhasa nun auch die chinesische Ernährungsweise übernehmen und beispielsweise zum Frühstück Reis essen. Ich empfahl diesen Menschen, zu der traditionellen Ernährung zurückzukehren und Tsampa zu essen. Da ich dies nun anderen Tibetern empfahl, hatte ich das Gefühl, dass ich auch selbst Tsampa essen sollte. Nachdem ich einige Zeit keinen Tsampa gegessen hatte, bekam ich zunächst Magenprobleme. Ich musste mich erst langsam wieder daran gewöhnen. Jetzt esse ich jeden Morgen Tsampa – außer wenn ich im Flugzeug reise.

Wenn ich im Flugzeug unterwegs bin, ist mein roter Beutel, den ich meistens bei mir trage, sehr praktisch. Das Frühstück ist eine sehr wichtige Mahlzeit für mich. Als buddhistischer Mönch esse ich in der Regel nicht zu Abend. Deshalb bin ich morgens immer ziemlich hungrig. Bei manchen Fluggesellschaften ist das Frühstück gut, bei anderen ist es eher spärlich. Deshalb habe ich immer etwas Brot in meiner Tasche. Wenn ich vom Flughafen in Delhi abfliege, kommen regelmäßig einige Regierungsbeamte, um mich zu verabschieden. Sie bemerkten einmal, dass meine Tasche ziemlich voll war. Ich sagte ihnen, das sei mein «Brotbeutel». Mein Beutel sei also nicht nur heilig, sondern auch praktisch.

Schüler: Haben Sie schon mal Hosen getragen, oder haben Sie immer die Mönchsrobe an?
Wenn es sehr kalt ist, ziehe ich gelegentlich Hosen an. Auch auf meiner Flucht von Lhasa nach Indien hatte ich Hosen an. Ich musste damals meine Mönchsrobe ablegen, um nicht entdeckt zu werden. Ich zog stattdessen eine weite schwarze Hose und einen dunklen Mantel an. Das war für mich ungewohnt, hat sich aber während der langen Reise durch die Berge als praktisch erwiesen.

Schülerin: Wie viele rot-gelbe Gewänder besitzen Sie?
Wir buddhistischen Mönche besitzen nur eine Robe, die wir als unser Eigentum betrachten dürfen. Aus praktischen Gründen haben wir noch zwei weitere, die wir aber so behandeln, als gehörten sie jemand anderem. Mönche sollen vermeiden, Gefühle der Anhaftung oder Eitelkeit in Bezug auf ihr Gewand zu empfinden. Daher sind die buddhistischen Roben auch aus mehreren Stoffbahnen zusammengesetzt.

Schüler: Haben Sie ein Handy?

Mein Assistent hat ein Handy. Als wir vor einiger Zeit in einer Besprechung waren, nahm er einen Anruf entgegen und reichte das Mobiltelefon an mich weiter, weil das Gespräch für mich war. Ich wusste zunächst gar nicht, wie ich das Gerät halten muss, um damit zu telefonieren. Ich dachte mir sofort: «Das ist nichts für mich!» Dabei ist es geblieben. Ich habe kein Handy.

Schüler: Sie sind der Dalai Lama und gleichzeitig ein Mensch. Haben Sie sich jemals unethisch verhalten?

Mein Verhältnis zu Mücken ist nicht sehr ethisch. Wenn ich tief und fest schlafe und dieses summende Geräusch höre, kann ich schon ziemlich aggressiv werden. Das gilt besonders, wenn ich mich in einer Gegend aufhalte, in der es Malaria gibt. Die erste Mücke, die zu Besuch kommt, versuche ich noch zu vertreiben. Eventuell mache ich das auch bei der zweiten Mücke. Spätestens bei dem dritten kleinen Plagegeist werde ich aggressiv. Meine Reaktion hängt auch von meiner Stimmung ab und ob die Gefahr besteht, dass ich mich mit Malaria anstecken könnte.

Wenn es dieses Risiko nicht gibt und ich gut gelaunt bin, kann es schon passieren, dass ich mich stechen lasse und dem Tierchen dabei zugucke. Nachdem sich die Mücke mit Blut vollgesaugt hat, fliegt sie einfach weg – ohne ein Zeichen von Dankbarkeit. Das hat mich neugierig gemacht. Ich habe einen Vortrag an der Oxford University gehalten und die Gelegenheit genutzt, Professoren danach zu fragen, wie ein Gehirn beschaffen sein muss, um Dankbarkeit zu fühlen und zu zeigen. Sie konnten mir keine Antwort geben. Katzen und Hunde drücken Zufriedenheit aus, wenn man ihnen etwas Gutes tut. Ich frage mich ansonsten immer noch, ob die Fähigkeit, Dankbarkeit zu zeigen, von der Größe oder Struktur des Gehirns abhängt.

Zurück zu den Mücken: Die zweite Mücke, die mich nachts besucht, verscheuche ich. Sollten sich noch mehr dieser Tierchen auf mir niederlassen, erschlage ich sie.

Schüler: Haben Sie schon einmal Alkohol getrunken, geraucht oder Drogen genommen?
Nein, noch nie. Meiner Erfahrung nach neigen Menschen, deren Geist sehr unruhig ist, dazu, diese Substanzen zu konsumieren. Mein Geist ist in Ruhe, und ich brauche so etwas nicht.

Schülerin: Essen Sie gerne Erdnussbutter?
Meine Zunge mag den Geschmack von Erdnussbutter sehr. Mein Arzt ist der Meinung, dass sie nicht gut für den Körper ist. Deshalb esse ich sie nur selten.

Schüler: Der Dalai Lama ist für viele Menschen, insbesondere Tibeter, ein großer Hoffnungsträger. Wie gehen Sie mit diesem Erwartungsdruck um?
Ja, manchmal trage ich schwer an der moralischen Verantwortung, besonders an der für das tibetische Volk. Ich habe die politische Verantwortung an demokratisch gewählte Vertreter abgegeben. Ich habe das geistige *und* politische Amt als Sechzehnjähriger übernommen und die politische Verantwortung zu meinem sechzigsten Geburtstag in die Hände der demokratisch gewählten (Exil-)Regierung gelegt. Jetzt habe ich nur noch die Verantwortung für die tibetische Kultur, für die Umwelt und den Buddhismus. Das lässt sich leichter tragen.

Innere Stärke beziehe ich auch daraus, dass ich es als meine hauptsächliche spirituelle Praxis betrachte, der Menschheit zu dienen. Ich widme mein Leben dem Dienst an anderen Menschen. Solange es mir mög-

lich ist, werde ich das tun. Ein Gebet, das ich oft spreche, drückt dies so aus:

Solange der Himmelsraum besteht und solange es Lebewesen gibt, so lange will auch ich bleiben, um das Leiden der Welt zu beseitigen.

> Wenn ein Kind ermutigt wird,
> lernt es, sich selbst zu vertrauen.
> Wenn ein Kind gelobt wird,
> lernt es, sich selbst zu schätzen.
> Wenn ein Kind geborgen lebt,
> lernt es zu vertrauen.
> Wenn ein Kind anerkannt wird,
> lernt es, sich selbst zu mögen.
> Wenn ein Kind in Freundschaft aufgenommen wird,
> lernt es, in der Welt Liebe zu finden.
>
> *Tibetische Weisheit*

6. AN DIE ELTERN UND LEHRER

Um die jungen Menschen angemessen an diese Werte heranzuführen, haben Erzieher eine wichtige Schlüsselrolle inne. Soweit es um reines Wissen zu ethischen Fragen geht, können Sie Schulbücher oder andere Lernmaterialien heranziehen. Aber die Bedeutung von Werten wie liebende Güte und Warmherzigkeit kann man nicht angemessen durch das Lesen von Texten erfahren. Sie als Eltern und Lehrer müssen den Schülern vermitteln, dass Sie sich wahrhaftig um ihr Wohlergehen für die lange Zukunft, welche noch vor ihnen liegt, sorgen.

Wenn Sie von der Bedeutung von Liebe und Mitgefühl erzählen, aber im Inneren keine wirkliche Anteilnahme für die hoffentlich lange Zukunft ihrer Schüler empfinden, wird dies in deren Köpfen auch keinen bleibenden Eindruck hinterlassen.

Lehrer sollten nicht wie Statuen oder wie Roboter sein, die etwas erzählen, ohne menschliche Wärme auszustrahlen. Sie müssen auf die individuellen Bedürfnisse der einzelnen Schüler eingehen. Lehrer sind nicht nur dazu da, reines Wissen zu lehren, sondern auch die wahren inneren Werte zu vermitteln. Das ist Mitgefühl.

Für das Vermitteln innerer Werte müssen Sie als Lehrer diese auch praktizieren – und das können Sie dann in den leuchtenden Augen Ihrer Schüler wiederfinden. Wo der Lehrer ein wahres Interesse für die lange Zukunft seiner Schüler zeigt, machen die Schüler viel begeisterter mit und spüren: Unser Lehrer mag uns wirklich und sorgt sich um unser Wohlergehen.

DER DALAI LAMA TEILT UNSERE HOFFNUNG

Ein Nachwort von Felix Finkbeiner

Alles würde gut, wenn wir aufwachen und das Richtige tun.
Wir werden mit einem ausgeprägten Gerechtigkeitssinn geboren. Kinder wissen intuitiv, was richtig ist und was falsch, und die meisten Jugendlichen haben sich den Gerechtigkeitssinn erhalten. Deswegen wollen wir nicht zulassen, dass die Menschheit unseren Planeten und die Schöpfung weiterhin so schlecht behandelt und ihn für die heranwachsenden und zukünftigen Generationen unbewohnbar macht. Wir Kinder und Jugendlichen erben von den Erwachsenen nicht nur einen unvorstellbaren materiellen Schuldenberg, sondern auch einen riesigen Berg von ungelösten Problemen und globalen Herausforderungen. Studien belegen, dass drei Viertel aller Kinder und Jugendlichen in Deutschland die Klimakrise und die weltweite Armut als die beiden größten Herausforderungen der Menschheit ansehen: Die globale Armutskrise führt dazu, dass 30 000 Menschen, hauptsächlich Kinder, jeden Tag verhungern; die Klimakrise wird unter anderem dadurch verursacht, dass wir jeden Tag so viel Kohlenstoff in Form von Kohle, Erdöl oder Erdgas aus der Erde holen und als CO_2 in die Atmosphäre pusten, wie die Sonne in einer Million Tage dort gespeichert hat. «Klimagerechtigkeit» lautet deswegen zusammengefasst auch die Forderung vieler Kinder und Jugendlicher in Deutschland.

Damit meine Generation einen Weg aus den globalen Problemen finden kann, brauchen wir Erwachsene als Vorbilder. Der Dalai Lama ist für viele von uns ein besonderes Vorbild. Sein lebenslanger Einsatz für Frieden und internationale Verständigung ist beispielhaft, und wir können viel von ihm lernen. Es ist deshalb schön, dass er sein Wissen und seine Erfahrungen im persönlichen Kontakt mit jungen Menschen auf der ganzen Welt weitergibt. Ich habe selbst schon einige Friedensnobelpreisträger wie beispielsweise die Kenianerin Wangari Maathai getroffen und war von diesen Begegnungen immer sehr beeindruckt.

Was können wir Kinder und Jugendlichen tun?

Viele Erwachsene sind sich durchaus der Probleme bewusst und wissen, wie Lösungen aussehen könnten. Leider reden sie zu viel über die Probleme und handeln zu wenig. Dieser Meinung ist auch der Dalai Lama, der schon 1993 sagte: «Ich empfinde es als überaus wichtig, dass sich jeder Mensch seiner Verantwortung für den Schutz unserer Umwelt bewusst ist, täglich danach *handelt* und diese Botschaft auch in seiner Familie und seinem weiteren Umfeld verankert.»

Uns Kindern und Jugendlichen ist das schon lange intuitiv bewusst, und deswegen engagieren wir uns. Wir bemühen uns, nicht nur zu reden, sondern etwas zu *tun*. Uns ist natürlich klar, dass ein Moskito nichts gegen ein Rhinozeros ausrichten kann, wir wissen aber auch, dass tausend Moskitos ein Rhinozeros dazu bringen können, die Richtung zu ändern.

Das zeigt auch meine eigene Geschichte. Mir ist es als Grundschüler gelungen, die Umweltinitiative «Plant for the Planet» zu gründen und in kurzer Zeit viele Unterstützer und Mitstreiter zu gewinnen. Bäume zu pflanzen ist für mich und alle anderen, die sich in dieser Initiative engagieren, ein Ausdruck unseres Kampfes für unsere Zukunft. Gemeinsam mit den Erwachsenen wollen wir die sonst nur aus der Finanzkrise bekannte Zahl von tausend Milliarden (1 000 000 000 000) zusätzlichen Bäumen pflanzen. Für diese Zahl von Bäumen gibt es genug Platz auf der Welt, ohne mit Landwirtschaft oder Siedlung in Konkurrenz zu treten. Auch müssen wir dafür noch nicht einmal in Wüsten pflanzen. Diese zusätzlichen Bäume binden etwa ein Viertel des heute menschengemachten CO_2-Ausstoßes. Bäume sind damit ein überlebenswichtiger Zeitjoker auf dem Weg in eine Zukunft mit weniger CO_2-Ausstoß. Einen Anstieg der Durchschnittstemperatur um mehr als 2 Grad müssen wir verhindern, denn bei 2,3 Grad mehr rechnet man damit, dass beispielsweise das Grönlandeis anfängt, vollständig zu schmelzen mit der Folge, dass der Meeresspiegel um sieben Meter steigt. Natürlich weiß keiner, was sicher passiert, aber wir wissen, dass 2 Kilometer Eis über uns lagen, als die Durchschnittstemperatur um 5 Grad niedriger war als heute.

Es freut mich sehr, dass der Dalai Lama das Pflanzen von Bäumen ebenfalls als wichtigen Hebel für Veränderung sieht: «Ich habe mich zu verschiedenen Gelegenheiten zur Bedeutung des Bäumepflanzens, sowohl in unserer derzeitigen Heimat Indien als auch in Tibet, geäußert ... Erfreulicherweise verbreitet sich die engagierte Bewegung für mehr Umweltschutz durch das Pflanzen von Bäumen und den Schutz bestehender Bäume schnell überall auf der Welt. Global betrachtet gibt es einen engen Zusammenhang zwischen Bäumen und Wäldern auf der einen Seite und dem Wettergeschehen und dem Gleichgewicht der Natur auf der anderen Seite. Daher ist der Schutz unserer Umwelt eine universelle Verantwortung für jeden Einzelnen von uns. Ich glaube, dass es für uns Exiltibeter ... besonders wichtig ist, uns nicht nur theoretisch mit dem Umweltschutz zu befassen, sondern dieses Ideal auch praktisch umzusetzen und Bäume zu pflanzen. Auf diese Weise können wir der Welt mit einer wichtigen Geste unsere Sorge um das globale Anliegen demonstrieren und gleichzeitig unseren kleinen, aber bedeutsamen Beitrag leisten.»

Wir schaffen es nur gemeinsam

Wir Jugendlichen haben verstanden, dass wir zur Lösung globaler Probleme verbindliche weltweite Regeln und Verträge brauchen, die die internationale Zusammenarbeit regeln. Deswegen nehmen Kinder und Jugendliche auch regelmäßig an UN-Konferenzen teil. Wir versuchen, überall auf der Welt viele Menschen zu erreichen, durch Vorträge und durch unsere Aktionen. Unsere Hoffnung sind die Exponentialentwicklung und die sozialen Medien: 2 hoch 33 sind 8 Milliarden. Wenn zwei Menschen zwei weitere von der Richtigkeit einer Idee überzeugen und die vier dann innerhalb eines Monats vier andere Menschen von dieser Idee begeistern und so weiter, dann hat in 32 Monaten die gesamte Menschheit dasselbe Ideal.

Auch in diesem Punkt teilt der Dalai Lama unsere Hoffnung: «Die Sorge um unsere Umwelt wächst, wenn die Informationen richtig und breit gestreut werden. Die Menschen haben allmählich erkannt, dass die Situation ernst ist und dass wir besser auf unseren Planeten achten müssen. ... Die Medien müssen ihren Teil dazu beitragen und die Bedeutung von Altruismus bei jeder menschlichen Aktivität herausstellen. Das muss wieder und wieder thematisiert werden in Zeitungen, im Fernsehen, im Kino und im Radio. Ich denke, dieser Schwung muss nur genutzt werden.»

Unserer Überzeugung nach haben die Mächtigen bald nicht mehr die Wahl zwischen «weiter so!» oder «nachhaltig werden». Ein «Weiter so!» würde nämlich zu einer Verschärfung der weltweiten Ungerechtigkeit, einer Zerstörung der ökologischen Lebensgrundlagen und einem Aushebeln der demokratischen Entscheidungen führen, und das können wir jungen Menschen uns nicht mehr gefallen lassen. Wir müssen Nachhaltigkeit zu unserem Überlebenskonzept machen!

Alles würde gut, wenn wir aufwachen und das Richtige tun.

LINKS UND TIBETZENTREN

Wichtige Links

www.dalailama.com
www.tibet-initiative.de
www.dialogmachtschule.de
www.children.de
www.plant-for-the-planet.org
www.buddhakids.de
www.weltethos.org

Tibetzentren in Deutschland (Auswahl)

Tibethaus Deutschland e.V. Frankfurt
Kaufunger Straße 4
60486 Frankfurt am Main
www.tibethaus.com
info@tibethaus.com

Tibetisches Zentrum Hamburg
Hermann-Balk-Straße 106
22147 Hamburg
www.tibet.de
tz@tibet.de

Tibetzentrum Hannover
Odeonstraße 2
30159 Hannover
www.tibet-zentrum.de
info@samtendargyeling.de

Tibetisches Kulturzentrum
Ganden Shedrub Ling e.V.
Großenheidornerstraße 7
31515 Steinhude
www.dalailama-future4children.com
info@dalailama-future4children.de

LITERATUR

Dalai Lama: Die Regeln des Glücks. Ein Handbuch zum Leben. Mit Howard Cutler, Freiburg i.Br. 2000

–: Die Lehren des tibetischen Buddhismus, München 2000

–: Frieden lernen. Herausgegeben von Michael Wallosseek, Bielefeld 2007

–: Rückkehr zur Menschlichkeit. Neue Werte in einer globalisierten Welt, Köln 2011

Cesco, Frederica de: Die goldenen Dächer von Lhasa, Würzburg 2009

Harrer, Heinrich: Sieben Jahre in Tibet – Mein Leben am Hofe des Dalai Lama, Berlin 1997

Michaels, Axel: Buddha. Leben, Lehre, Legende, München 2011

Schmidt-Glintzer, Helwig: Der Buddhismus, München 2007

Schmidt-Salomon, Michael: Hoffnung Mensch. Eine bessere Welt ist möglich, München 2014

Snel, Eline: Stillsitzen wie ein Frosch. Kinderleichte Meditationen für Groß und Klein, München 2013

Thich Nhat Hanh: Achtsamkeit mit Kindern, München 2012

DANK

Ich danke allen, die am Entstehen dieses Buches beteiligt waren: Ulrich Nolte und Petra Rehder haben im Verlag C.H.Beck mit viel Augenmaß und Erfahrung aus meinem Text ein Buch gemacht. Tseten Samdup Chhoekyapa und Tenzin D. Sewo vom Tibet Bureau haben das Projekt von Anfang an unterstützt und die erforderlichen Genehmigungen erteilt. Geshe Gendun Yonten, Geshe Palden Öser und Puntsok Tsering Duechung haben geduldig und ausführlich meine Fragen zum Dalai Lama und zum tibetischen Buddhismus beantwortet. Getsülma Losang Chökyi hat meine Gespräche mit Geshe Palden Öser und den anderen Mönchen aus dem Kloster Sera Jey übersetzt. Das Tibetzentrum Hannover hielt stets die Türen zu seiner Bibliothek für mich geöffnet.

Oswald Nachtwey, der Schulleiter der Integrierten Gesamtschule List in Hannover, gestattete mir, mehrere Monate lang die Schülerinnen und Schüler bei den Vor- und Nachbereitungen im Zusammenhang mit dem Besuch des Dalai Lama zu begleiten. Ich danke auch den Lehrerinnen Angelika Seyfarth und Gisela Witte, die mich an ihrem Unterricht teilnehmen ließen, sowie den folgenden Schülerinnen und Schülern ihres Kurses «Internationale Politik», die mich mit ihrem großen Engagement für den Dalai Lama und das Schicksal der tibetischen Flüchtlingskinder begeistert und inspiriert haben: Fritz Dingler, Ole Smollich, Dark Engel, Luizia Endres, Wassilissa List, Julika Hülsemann, Malin Leyers, Emma Dohmann und Tom Aust. Gleiches gilt für die Schülerinnen und Schüler des Gymnasiums und der Graf-Wilhelm-Schule Steinhude, die ebenfalls ausführlich meine Fragen zu ihren Eindrücken vom Besuch des Dalai

Lama beantwortet haben: Leonard Ehlert, Christina Mecke, Maximilian Thisius, Sonja Wiehe, Nicolas Busch, Sina Mätje, Melina Scheere und Julia Wesemann. Ermöglicht hatte dieses Gespräch die stellvertretende Schulleiterin des Gymnasiums Steinhude, Claudia Starke.

Besonders dankbar bin ich Professor Dr. Jürgen Manemann, der mir stets als Ansprechpartner für Fragen zur säkularen Ethik zur Verfügung stand, sowie Professor Dr. Barbara von Maibom, die mir erläuterte, wie eine Versöhnungskultur in Deutschland etabliert werden könnte. Außerdem danke ich Scilla Elworthy für das schöne und ermutigende Gespräch an der Do School in Hamburg.

Abschließend möchte ich dem Dalai Lama danken. Die Zeit, die ich mit der Recherche und dem Schreiben dieses Buches verbringen durfte, war auch für mich besonders lehr- und erkenntnisreich. Danke.

Der Dalai Lama 1949 im Alter von vierzehn Jahren

Tenzin Gyatso, geb. 1935, als 14. Dalai Lama religiöses Oberhaupt der Tibeter, lebt seit 1959 im Exil in Nordindien. Von hier aus setzt er sich seit Jahrzehnten für die Förderung der menschlichen Werte, die Völkerverständigung, den Dialog der Religionen und den Umweltschutz ein. Der Friedensnobelpreisträger von 1989 legte 2011 die politische Führung des tibetischen Volkes nieder.

sowie 2009 in Indien nach einer buddhistischen Unterweisung

Claudia Rinke hat mehrere Jahre als Juristin und Projektmanagerin für die Vereinten Nationen in Afrika und New York gearbeitet. Sie ist derzeit für eine auf Dialogverfahren und Partizipation spezialisierte Beratungsgesellschaft in Berlin tätig.

Jens Bonnke, geb. in Paris, studierte Visuelle Kommunikation in Berlin, wo er heute als freier Illustrator lebt. Er arbeitet u. a. für «Die Zeit», «New York Times», «SZ-Magazin», «Cicero». Zuletzt erschienen von ihm das Buch «Flugsaurier = Gaulfriseur. Tierische Anagramme» (2011) sowie «Der andere Wagen war absolut unsichtbar, und dann verschwand er wieder» (Reihe Tolle Hefte, 2012).

Felix Finkbeiner, geb. 1997, startete mit neun Jahren die weltweite Aktion «Plant for the Planet» (www.plant-for-the-planet.org), wurde UN-Kinderbotschafter und kämpft für das Kinderwahlrecht.